Wereldatlas

EEN DORLING KINDERSLEY BOEK

Auteurs Anita Ganeri en Chris Oxlade

Project eindredactie Ben Morgan
Illustratie eindredactie Janet Allis
Eindredactie Simon Holland
Ontwerp Cheryl Telfer
Aanvullend ontwerp Jacqueline Gooden, Mary Sandberg, Floyd Sayer, Sonia Whillock
Redactie Fleur Star
Beeldredactie Peter Bull
Bureauredactie Sue Leonard
Illustratieredactie Clare Shedden
Beeldresearch Martin Copeland, Sean Hunter, Sarah Stewart-Richardson
Productiecoördinatie Linda Dare
DTP-ontwerp Almudena Díaz

Eerste druk maart 2004
Tweede druk augustus 2004
Derde druk januari 2006

Voor België: Standaard Uitgeverij n.v.

ISBN 90 71206 30 0

NUR 210

Vertaling Laurens van Mastrigt
Redactie & productie Asterisk*, Amsterdam
Omslagontwerp Thonik & de Designpolitie, Amsterdam

Inhoud

Onze wereld

Het topje van de aarde

Noord- en Zuid-Amerika

Afrika

Europa

Rusland en Midden-Azië

Azië

Australië en Oceanië

De bodem van de wereld

Naslaggedeelte

Onze wereld

Eenderde deel van de buitenkant van de aarde is land, de rest is water. Er zijn zeven grote stukken land. Die noemen we continenten. Ook zijn er vijf grote zeegebieden. Die noemen we oceanen.

Binnen in de aarde

De binnenkant van de aarde bestaat uit hete, gesmolten steen dat langzaam als een dikke stroop rondstroomt. Wij leven op een soort dikke korst, als de korst van een appeltaart.

Waar mensen leven

Deze foto van de aarde is 's nachts met een ruimtesatelliet gemaakt. De gele stippels zijn lichtjes. Hier kun je zien waar de grote steden en dorpen zijn.

Hoe lang zou het duren als je langs de evenaar rond de aarde zou lopen?

Zes of zeven continenten

De continenten van de aarde heten Noord-Amerika, Zuid-Amerika, Europa, Azië, Afrika, Australië en Antarctica. Sommige mensen noemen Europa en Azië samen één continent (Eurazië).

Zoek op...

Het kleinste continent.
Het kleinste continent Australië is het grootste eiland van de wereld.

Het continent waar de meeste mensen wonen.
In Azië wonen ongeveer 3500 miljoen mensen.

De grootste oceaan.
De Grote Oceaan is net zo groot als alle andere oceanen samen.

Kaarten en atlassen

Een kaart is een tekening van een land met de steden, rivieren en andere belangrijke plekken. Een atlas is een boek met kaarten.

Om een platte kaart te maken moet je de aarde 'pellen', net als bij een sinaasappel.

Deze smalle stukjes moeten breder gemaakt worden.

De aarde pellen
De aarde is rond als een bal. Met een wereldbol kun je het beste zien hoe de aarde eruitziet. Op een platte kaart zijn sommige gebieden groter of kleiner dan in het echt.

Hoe gebruik je dit boek

In deze atlas zie je kaarten en lees je alles wat je moet weten over een land. Hieronder zie je wat de tekens op de kaarten betekenen.

Tekens op kaarten

- HOOFDSTAD
- Hoofdstad van een staat
- Stad
- Berg
- Leuk om te weten
- Grens
- Grens van een staat
- Rivier

Het kompas laat je zien waar het noorden, zuiden, westen en oosten is.

De kleine tekeningen laten dingen zien die je misschien zelf ziet als je het land bezoekt: dieren, bekende gebouwen, sporten, enzovoorts.

De vragen zijn om te kijken wat je weet over de wereld. Het antwoord staat op zijn kop op de andere pagina.

Azië

China en buurlanden

In China wonen meer dan 1 miljard mensen – dat is eenvijfde van alle mensen op aarde. Het buurland Mongolië heeft de minste inwoners.

Terracotta leger
Dit leger van standbeelden in Xi'an werd meer dan 2000 jaar geleden gemaakt om de graftombe van Qin Shi Huang, de eerste keizer van China, te beschermen. De beelden werden in 1974 ontdekt.

Chinese opera
In de Chinese opera wordt veel gezongen, geacteerd en aan acrobatiek gedaan. Aan de beschildering van de gezichten kun je zien wie welk personage speelt.

Zoek op...

De hoogste berg van de wereld. De Mount Everest is 8850 m hoog.

De dichtstbevolkte stad van de wereld. In Hongkong wonen 6000 mensen per km².

De warmste plaats van China. In Turpan is de temperatuur soms 47°C.

102 Hoe heet de op één na grootste berg van de wereld?

Landschappen van de aarde

De achtergrond op de kaarten laat zien wat voor landschap er in een bepaald gebied is.

Loofbos
Bos met bomen die in de herfst hun bladeren verliezen.

Grasland
Plat gebied met gras en hier en daar een boom.

Naaldbos
Bos met naaldbomen die het hele jaar groen bijven.

Op wat voor soort kaart staan alleen maar landen en grenzen?

Allerlei soorten kaarten

Mensen gebruiken verschillende kaarten. Met een wegenkaart kan de autorijder de weg vinden. In de stad gebruik je een stadsplattegrond.

Op wegenkaarten zie je de wegen tussen de steden en dorpen.

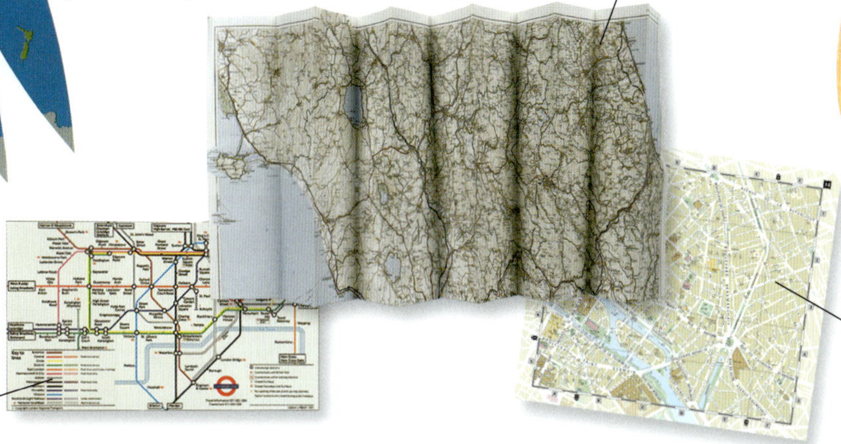

Op de kaart van de metro van Londen zie je de stations en de metrolijnen.

Op een stadsplattegrond zie je straten en gebouwen.

Op de **wereldbol** zie je waar het land ligt. Het land waarover wordt geschreven, is rood gekleurd.

Achter de **rondjes** staan allerlei feiten over bijvoorbeeld dieren en eten.

Aan de slag vertelt je hoe je zelf allerlei dingen kunt maken.

Informatiepagina's

Na de bladzijden met de kaart, komen pagina's met leuke dingen die je over de landen op de kaart moet weten.

Woestijn
Droog gebied met zand en rotsen en heel weinig planten.

Regenwoud
Oerwoud met grote bomen en heel veel soorten planten.

Sneeuw en ijs
Hoog in de bergen en in de buurt van de Noord- en de Zuidpool.

Bergen
Woest landschap met hoge heuvels en dalen. Vaak met sneeuw bedekt.

Oceanen
Onze aarde bestaat voor tweederde uit zeeën en oceanen.

Op een politieke kaart.

Het weer

Op de Noord- en de Zuidpool is het altijd ijskoud. Maar in de buurt van de evenaar is het altijd warm en regent het veel. Als we het hebben over hoe het weer meestal is, dan hebben we het over het klimaat.

Tussen de noordpoolcirkel en de kreeftskeerkring heb je een gematigd klimaat.

Tussen de keerkringen is het klimaat tropisch.

Binnen de poolcirkels heb je een poolklimaat.

Klimaatzones

Op wereldkaarten zie je horizontale lijnen die de aarde in gebieden met verschillende klimaten verdelen. In de tropische gebieden is het altijd warm en in de poolgebieden is het altijd koud. In een gematigd klimaat is het in de zomer warm en in de winter koud.

Keizerpinguïns

Poolklimaat

Antarctica heeft een poolklimaat. Het vriest er altijd en soms kan het er erg hard stormen. Pinguïns hebben een dikke laag vet om zich warm te houden en ze zitten vaak dicht bij elkaar.

Naaldbomen

In sommige landen met een gematigd klimaat is de winter lang en koud. Er kunnen alleen naaldbomen groeien en in de zomer zijn er weinig bloemen.

Weet je een andere naam voor tropisch grasland?

Woestijn
In de woestijn regent het bijna nooit. Overdag is het vaak erg warm, maar 's nachts kan het er heel koud zijn.

Toekans leven in tropische regenwouden. Met hun lange snavel eten ze tropische vruchten.

Pijlgifkikker

Tropisch oerwoud
In de buurt van de evenaar is het altijd warm en regent het veel. Hier vind je tropische oerwouden.

Tropisch grasland
In sommige tropische gebieden is het elk jaar een lange tijd droog en daarna regent het weer wekenlang. Er groeien weinig bomen en overal is gras te zien.

Esdoornbladeren

De bladeren van loofbomen krijgen in de herfst een andere kleur.

Loofbomen
In warmere landen met een gematigd klimaat groeien bomen met bladeren die er in de herfst afvallen. Dit noemen we loofbomen.

Savanne.

Zeeën en oceanen

Ongeveer tweederde van de wereld bestaat uit zeeën en oceanen. In het water leven veel planten en dieren. De meeste leven vlak bij de kust, bijvoorbeeld bij koraalriffen. Maar ook midden in de oceaan en op de bodem van de zee zijn dieren en planten.

De meeste dieren en planten leven vlak bij de kust, waar het water niet zo diep en ook niet zo koud en donker is.

Dieper in het water is het veel kouder en donkerder.

Helemaal op de bodem van de zee is het heel koud en pikkedonker.

Onderwater

Vanaf de kust wordt de zee steeds dieper. De bodem van de zee is vaak plat maar er zijn ook grote bergen en heel diepe kuilen.

Oceaangolven

Golven worden gemaakt do
de wind die over de zee blaast. In het ondiepe water bij de kust vall
de golven om. Dit noemen we d
branding.

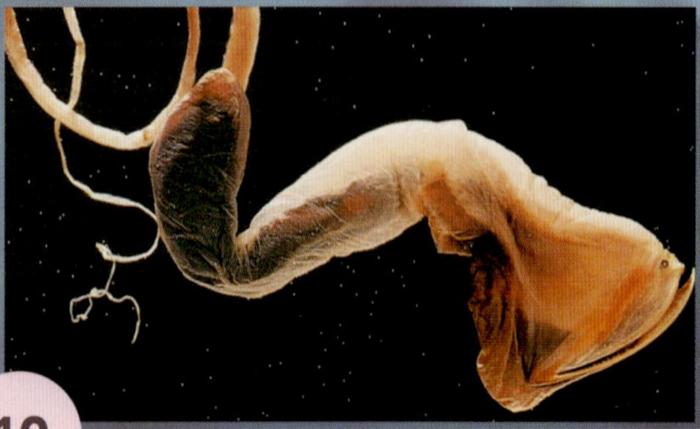

Dieren op de bodem van de zee

Heel diep in de zee leven enkele heel vreemde dieren. De scholveraal leeft op een diepte van wel 7 km. Hij vangt dode dieren die zinken. Zijn bek is zo groot dat hij een dier dat groter is dan hijzelf toch kan opeten.

Wat is de diepste plek op aarde en in welke oceaan ligt die?

Op de oceaan

In het midden van de oceaan leven veel minder planten en dieren dan langs de kust. Soms zie je grote scholen vis die door grotere dieren, bijvoorbeeld een dolfijn, opgegeten worden.

Dolfijnen jagen de vissen soms eerst bij elkaar voordat ze aanvallen.

Kelpbossen

Dit grote zeewier wordt kelp genoemd. Het groeit in grote bossen op de bodem van de zee. Er leven veel vissen en andere dieren.

Koraalvlinders

Leven langs de kust

De dieren en planten die langs de kust leven, hebben veel last van de golven. Ze klemmen zich vast aan de rotsen of houden zich verborgen in het zand.

Tentakel van een zeekomkommer (een dier dat familie is van de koraalvlinder).

Koraalriffen

Op koraalriffen leven duizenden verschillende soorten zeedieren en veel kleurige vissen. Een koraalrif vind je in ondiepe tropische zeeën. Het is ontstaan uit de skelletten van kleine beestjes (koralen).

De Noordpool

De Noordpool ligt op het topje van de aarde. Het gebied hier heet het Noordpoolgebied. Het is een oceaan met in het midden een heel groot drijvend stuk ijs dat nooit helemaal smelt. Dicht in de buurt liggen de noordelijke punten van de continenten en het grote eiland Groenland.

Mensen in het Noordpoolgebied

Deze mensen wonen in de besneeuwde landen rond de Noordelijke IJszee. Omdat het te koud is om groenten te laten groeien, eten ze dieren. Ze vissen, hebben rendieren en jagen op zeehonden en walvissen.

Wie was de eerste mens die de Noordpool bereikte?

De Noordse stern duikt in het water om kleine visjes en garnalen te vangen.

Van pool naar pool

De Noordse stern vliegt heel ver. Hij broedt in het Noordpoolgebied. Daarna, als het bij ons winter is, vliegt hij helemaal naar de Zuidpool om daar de zomer door te brengen.

Warm blijven

De dieren op de Noordpool moeten heel goed tegen de kou kunnen. Walrussen hebben een dikke laag vet om warm te blijven. IJsberen en rendieren hebben een dikke vacht.

De Amerikaan Robert Peary, in 1909.

De Noordpool

Het Noordpoolgebied is prachtig, maar ook heel koud en gevaarlijk. De mensen en dieren die er wonen, hebben geen gemakkelijk leven.

Het noorderlicht lijkt op een wapperend gordijn.

Noorderlicht

's Nachts wordt de hemel verlicht door het noorderlicht. Dit is een heel bijzonder licht, dat groen of violet gekleurd kan zijn.

Reizen

De mensen hier moeten over het ijs en de zee en door de sneeuw reizen.

Met **Sneeuwschoenen** aan, zak je niet weg in de sneeuw.

Een **motorslee** heeft ski's in plaats van wielen.

Kajaks zijn houten kano's. Het Inuit-volk gebruikt ze om te vissen.

Met een **hondenslee** kun je zware dingen en mensen vervoeren.

Dikke bontjassen en bontmutsen beschermen tegen de kou.

Geweren worden gebruikt om mee te jagen en om ijsberen weg te jagen.

Inuit-jagers

Het Inuit-volk leeft in Canada en Groenland. Met speren en geweren jagen ze op zeehonden, walvissen, vissen, walrussen en ijsberen.

Waarom is de zomer in het Noordpoolgel

IJsbeer

De ijsbeer is de grootste en ook de gevaarlijkste beer van de wereld. Hij leeft in het Noordpoolgebied. Hij jaagt op zeehonden maar soms doodt hij ook mensen.

Iglo's

De meeste mensen van het Inuit-volk wonen in moderne huizen in de stad. Als ze lange tijd op jacht gaan, slapen ze in een iglo. Dat is een huis gemaakt van blokken sneeuw.

IJsbrekers

In de winter bevriest de Noordelijke IJszee. Met speciale schepen, de ijsbrekers, worden de vaarroutes opengemaakt.

Husky-honden

De mensen in het Noordpoolgebied gebruiken husky's om hun sleeën te trekken. Husky's komen uit Siberië. Ze zijn erg sterk en ze hebben een dikkere vacht dan de meeste andere honden.

Omdat de zon in de zomer niet ondergaat.

Canada en Alaska

Canada is het op één na grootste land van de wereld. Alaska, dat ernaast ligt, is de grootste staat van de Verenigde Staten. Toch wonen er niet veel mensen want een groot deel van het land is begroeid met dichte bossen en de aarde is bijna het hele jaar bevroren.

De Trans-Alaska-oliepijpleiding

In Alaska wordt veel olie gevonden. Met een 1270 km lange bovengrondse pijpleiding wordt de olie vanaf Prudhoe Bay naar de haven van Valdez vervoerd.

Hoe heet de hoogste berg van Noord-Amerika (6194 m hoog)?

Industrie

Dit zijn de belangrijkste industrieën in dit gebied:

Hout van bomen wordt gebruikt om huizen mee te bouwen of om meubels te maken.

Olie wordt gebruikt om benzine te maken of een chemische product, zoals plastic.

Graan groeit in het midden van Canada op prairies. Dit zijn grote vlakke gebieden.

Metalen, zoals zink, aluminium, goud en zilver worden in Canada in mijnen opgegraven.

Canada en Alaska

Door de natuur en de prachtige uitzichten zijn Canada en Alaska mooie landen om in te wonen. Maar in de winter is het er heel koud. De meeste mensen leven in het zuiden, omdat het daar warmer is.

Landschap van Alaska

De tien grootste bergen van de VS vind je in Alaska. Mount McKinley is de hoogste. Rond deze hoge bergen liggen bossen en meren.

Dieren

Ondanks het koude weer leven er op het land en in de zeeën van Alaska en Canada veel bijzondere dieren.

Poolhonden worden gebruikt om sleeën te trekken om mensen en materialen te vervoeren.

Walrussen leven in groepen op de kusten in het noorden of op drijvende ijsschotsen.

Elanden leven in bossen in de buurt van moerassen, meren en rivieren.

Groenlandse walvissen worden soms door schepen aangevaren omdat ze zo langzaam zwemmen.

Zeehonden worden ongeveer 2,1 meter groot. Ze eten vissen, maar ook kleine vogels.

Houtindustrie

De bomen in Canada kunnen heel groot worden, vooral de bomen die langs de westkust (waar het vaak regent) groeien. Nadat houthakkers ze hebben omgezaagd, worden er huizen en meubels van gemaakt.

Wat kan je op je pannenkoek doen om hem lekker zoet te maken?

IJshockey

Doordat het in de winter zo koud is, kunnen de Canadezen op ijsbanen, bevroren meren en vijvers ijshockey spelen. IJshockey is de snelste teamsport van de wereld.

Eerste bewoners

De Kwakiutl- en Haida-indianen waren de eerste bewoners die langs de westkust van Canada leefden. Ze maakten totempalen om allerlei verhalen uit te beelden.

Totempaal

Hotel Château Frontenac, Quebec City, Quebec, Canada

Franse Canadezen

In de 17de eeuw reisden de eerste Europeanen naar Canada. Veel van die mensen kwamen uit Frankrijk. Tegenwoordig wonen de meeste Franse Canadezen in de streek Quebec.

Lekker zoet

Maple syrup (een soort stroop) maak je van het sap van esdoornbomen. Je boort een gat in de boom en vangt het sap dat uit de boom druppelt op. Hierna kook je dit sap tot het heel dik wordt.

De **CN-toren** in Toronto is de hoogste toren van de wereld (maar niet het hoogste gebouw, want gebouwen hebben verdiepingen). Hij is 553 m hoog. Dat is ongeveer net zo hoog als wanneer 300 mensen boven op elkaar zouden staan. Met een glazen lift aan de buitenkant kun je naar een ronddraaiend restaurant met een glazen vloer gaan.

Maple syrup (een soort stroop).

Verenigde Staten

De Verenigde Staten van Amerika is een groot land. Het bestaat uit 50 staten. Je vindt er bergen, bossen, moerassen, woestijnen en grote grasvlakten.

Welke Amerikaanse staat staat niet op deze kaart?

Verenigde Staten

Op deze kaart zie je 48 van de 50 staten van de VS. De andere twee staten liggen duizenden kilometers van de andere vandaan. Alaska ligt ten noordwesten van Canada en Hawaï in het midden van de Grote Oceaan.

Alaska (zie pagina 18)

Verenigde Staten

De VS is het rijkste en machtigste land ter wereld. De meeste mensen wonen in grote, moderne steden. Maar er zijn ook grote gebieden met mooie natuur.

Pier en strand van Santa Monica, Californië

De zuidwestkust

De zuidwestkust van de VS is warm en zonnig en je vindt er grote stranden. Op de hoge golven kun je surfen en vlakbij het strand zie je veel mensen op rollerskates

Als je naar de kroon van het beeld wilt gaan, moet je een trap met 364 treden beklimmen.

New York City

New York City is de grootste stad van de VS. Er wonen bijna 8 miljoen mensen. Het Vrijheidsbeeld is het bekendste beeld van de stad. Het is 92 m hoog en gemaakt van koper.

Door de wind en het zan-

Waar is het in de VS het warmst?

Hawaï

De eilanden van Hawaï zijn de toppen van vulkanen in de Grote Oceaan. Mount Kilauea spuugt al jaren lava uit. Als dat in zee valt, ontstaan er grote stoomwolken.

De Mississippi

De Mississippi is de langste rivier van Noord-Amerika. Er varen schepen die olie, kolen en staal vervoeren. Hierboven zie je de Mississippi langs de Gateway Arch in Sint-Louis stromen.

Amerikaanse alligator

Moerassen en alligators

In de staat Florida zijn grote moerassen met gras. Ze worden de Everglades genoemd. Hier leven allerlei soorten wilde dieren, zoals alligators, panters en schildpadden.

Woestijnen en canyons

Het zuidwesten van de VS is warm en droog. Er zijn hoge rotsen (mesa's), woestijnen en diepe canyons.

hebben deze rotsen heel vreemde vormen.

Death Valley, Californië.

aan de slag

Maak zelf een Amerikaanse vlag (zie achter in het boek). Teken 7 rode strepen op een stuk papier en laat één hoek wit. Kleur deze hoek blauw en plak er 50 witte sterretjes op.

Wonen in de VS

In de VS wonen heel veel verschillende soorten mensen. De meeste mensen die hier leven komen uit andere landen.

Het Capitool, Washington DC.

Het Capitool in de hoofdstad
Washington DC is de hoofdstad van de VS. Het Capitool is het gebouw van de regering. De leden van het Congres maken hier de wetten.

De jazzmuziek komt uit de stad New Orleans.

Muziek
De moderne popmuziek ko voort uit de jazz- en de bluesmuziek, die ongeveer 100 jaar geleden door Afrikaanse Amerikanen werd uitgevonden.

Onafhankelijkheids-dag
De VS werd op 4 juli 1776 een onafhankelijk land. Elk jaar wordt op 4 juli de onafhankelijkheid gevierd. Overal zijn dan feesten en optochten.

Optocht op Onafhankelijkheidsdag

Waar is Hollywood?

Amerikaans eten

is net zo gevarieerd als de bevolking.

Hamburgers worden niet van ham gemaakt, maar van gemalen rundvlees.

Clam chowder is soep gemaakt van schelpdieren. Het wordt gegeten in New England, Noordoost-VS.

Tex-Mex is een combinatie van voedsel uit Texas en Mexico.

Gumbo is een pittige soep uit Louisiana, gemaakt van vlees, vis en schelpdieren.

Indianen

Indianen wonen al duizenden jaren in de VS. Nu bestaat 1% van de Amerikanen uit Indianen.

Deze meisjes dragen de traditionele kleding van de Navajo-indianen. De Navajo wonen in Arizona en New Mexico.

American football

American football

American football is de populairste sport van de VS. Meer dan 40 miljoen mensen gaan er elk jaar naar kijken, meestal in grote stadions.

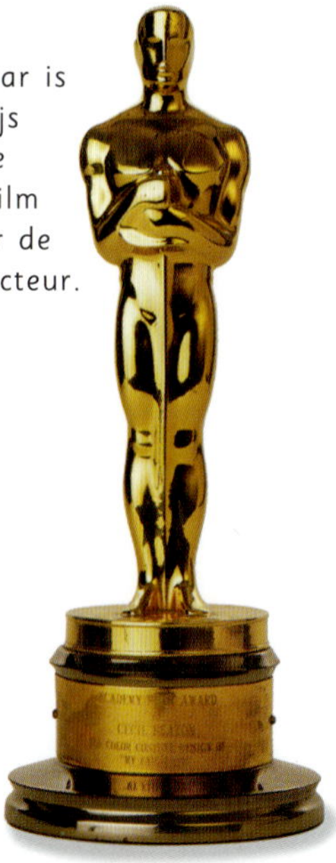

De Oscar is een prijs voor de beste film en voor de beste acteur.

© A.M.P.A.S.®

Rodeorijder op een stier

Rodeorijder

Bij een rodeo zie je hoe goed cowboys kunnen rijden. De cowboy probeert zo lang mogelijk op een steigerend paard of een stier te blijven zitten.

Filmindustrie

Amerikaanse films zijn heel populair. De meeste worden in Hollywood gemaakt.

In de stad Los Angeles in Californië.

Mexico en Midden-Amerika

Mexico en Midden-Amerika vormen een natuurlijke brug tussen de VS en Zuid-Amerika. Het noorden van Mexico is droog en stoffig. In het zuiden valt er meer regen. Hier vind je grote regenwouden en bergen en vulkanen.

Wist je dat?

In Costa Rica groeien **koffiebonen** en bananen.

Mexico was het eerste land waar ze **chocolade** maakten van de zaadjes van de cacaoboom.

Van **suikerriet** uit Midden-Amerika en het Caribisch gebied wordt suiker gemaakt

West-Indië

In het oosten van Midden-Amerika ligt een groep eilanden die West-Indië wordt genoemd. Het is hier het hele jaar warm. In de zomer zijn er vaak orkanen.

Panamakanaal

Het Panamakanaal verbindt de Atlantische met de Grote Oceaan. Ongeveer 12.000 schepen varen er elk jaar doorheen. Het is een van de drukste vaarwegen van de wereld.

aan de slag

Snij de bovenkant van een ananas af en plant die in een pot met aarde. Zet de pot in een kas en er groeit een ananasplant uit.

Om aan de takken van bomen te hangen.

Mexico en Midden-Amerika

In Mexico en Midden-Amerika vind je grote, drukke steden, oude ruïnes en oerwouden. De meeste mensen spreken Spaans.

Azteken en Maya's

Honderden jaren geleden bouwden de Azteken en de Maya's prachtige steden in het oerwoud en de bergen. Tegenwoordig kun je de ruïnes hiervan nog zien.

Deze man is als een krijger van de Azteken gekleed. De Azteken offerden hun vijanden aan de goden door hun hart uit hun lichaam te scheuren.

Ongeveer 1000 jaar geleden was deze piramide het centrum van de grote Maya-stad Chichén Itzá.

Hoe heet een Mexicaanse pannenkoek die van maïs en meel wordt gemaakt?

Landbouw

In Midden-Amerika is het warm en het regent er veel – het ideale klimaat om bananen, maïs, avocado's en pepers te verbouwen. De mensen verkopen hun producten op de markt.

Mexico-stad

De hoofdstad van Mexico is gebouwd op de ruïnes van een oude stad van de Azteken. Het is een van de grootste steden van de wereld. Er wonen 20 miljoen mensen.

Taco's en tortilla's

Mexicanen houden van eten met veel peper. Dit zijn taco's – gefrituurde pannenkoekjes gevuld met vlees en groente. De pannenkoekjes worden tortilla's genoemd.

Caribisch paradijs

Miljoenen toeristen bezoeken de zonnige eilanden in het Caribisch gebied. Ze liggen op de zandstranden, zwemmen in de warme zee en snorkelen over de koraalriffen.

aan de slag

Neem een boterham en maak die plat met een deegroller. Beleg hem met allerlei lekkere dingen en rol hem dan op. Zo maak je een Mexicaanse enchilada!

Een tortilla (spreek uit: 'tor-tija').

Zuid-Amerika

Over dit hele continent loopt een lange bergketen. Langs de westkust vind je de droogste woestijn van de wereld. In het oosten ligt het grootste regenwoud van de wereld.

Lopen over de evenaar

De evenaar is een denkbeeldige lijn rond de aarde. Je moet wel een maand lopen om alleen het gedeelte in Zuid-Amerika te lopen!

Hoe heet de hoogste berg van de Andes?

Kaap Hoorn

De zuidpunt van Zuid-Amerika wordt Kaap Hoorn genoemd. Door de woeste zee hebben hier al honderden schepen schipbreuk geleden.

Zoek op…

De hoogste hoofdstad van de wereld. La Paz in Bolivia ligt 3632 m boven de zeespiegel.

De hoogste waterval van de wereld. De Angel-waterval in Venezuela is 1979 m hoog.

De droogste stad van de wereld. In Arica in de Atacama-woestijn van Chili regent het nooit!

Zuid-Amerika

Rode ara

Eenderde van Zuid-Amerika bestaat uit een groot oerwoud – het Amazone-regenwoud. Ten oosten en ten zuiden hiervan liggen graslanden met grote boerderijen en de grootste steden van Zuid-Amerika.

Leven in het bos

Al duizenden jaren leven er mensen in het bos. Ze jagen en verzamelen voedsel zonder het bos te beschadigen.

Yanomami-dorp in het Amazone-regenwoud.

Boomstamkano op de rivier de Amazone

Gevaarlijke dieren

In het Amazone-regenwoud leven veel gevaarlijke dieren.

De mensen van het bos gebruiken het gif van **kikkers** om dodelijke pijlen te maken.

De **jaguar** is een grote kat. Hij kan goed zwemmen en klimmen.

Piranha's zijn gevaarlijke vissen. Ze hebben zeer scherpe tanden. Ze jagen in groepen.

De **boa constrictor** doodt dieren door ze met zijn lichaam te wurgen.

Gaucho's

De Argentijnse gaucho's lijken op Amerikaanse cowboys. Ze werken op grote boerderijen op de pampa's van Argentinië. Ze verzorgen het vee en de paarden.

Welke taal spreken de meeste Brazilianen?

Hoogste waterval

De Angel-waterval in Venezuela is de hoogste waterval van de wereld. Het water valt van een platte bergtop 980 m naar beneden. Hij is drie keer zo hoog als de Eiffeltoren in Parijs.

In het oerwoud groeien granadilla's

Bosvruchten

De granadilla (een soort passievrucht) is een van de vele exotische vruchten van tropisch Zuid-Amerika.

Rio de Janeiro

Een groot standbeeld van Jezus Christus kijkt uit over Rio de Janeiro. In de baai van de stad ligt de koepelvormige Suikerbroodberg.

Carnaval

Elk jaar wordt er een groot carnavalsfeest gehouden in Rio de Janeiro. Het duurt vier dagen. De mensen hebben mooie kostuums aan en ze dansen en zingen op straat en blazen op fluitjes.

Wonen in de Andes

De Andes loopt helemaal van het noorden naar het zuiden van Zuid-Amerika. Het is de langste bergketen van de wereld. De mensen en dieren die in de Andes leven, zijn gewend aan de koude lucht.

Condor
De condor is een grote roofvogel. Als hij vliegt, is hij met zijn uitgestrekte vleugels wel 3 m breed.

Machu Picchu

Hoog in de Andes van Peru liggen de ruïnes van een oude stad. Hij werd ongeveer 500 jaar geleden door de Inca's gebouwd en heet Machu Picchu.

Lama's
Een lama lijkt op een groot schaap. De mensen in de Andes hebben lama's voor hun wol, melk en vlees en om goederen mee te vervoeren.

Hoe heet de zuidelijkste stad van de wereld?

Atacama

De Atacama is de grootste woestijn van Zuid-Amerika. Doordat het er bijna nooit regent, is het de droogste plaats op aarde.

Valparaíso

Tussen de bergen en de kust van Chili ligt Valparaíso. Het is de grootste havenstad van dat land.

aan de slag

Maak een panfluit. Plak tien rietstengels met plakband aan elkaar. Snij de onderkant van elke stengel schuin af. Blaas op de stengels, en speel!

Bergbewoners

In de Andes leven veel Zuid-Amerikaanse Indianen. Ze wonen hier al honderden jaren.

Panfluiten

De panfluit is een traditioneel muziekinstrument uit de Andes. Hij wordt gemaakt van holle rietstengels of bamboe.

Varen op de top van de wereld

Het Titicacameer ligt op een hoogte van 3800 m. Het is het hoogste meer van de wereld waarop schepen kunnen varen. De mensen varen met boten die zijn gemaakt van riet.

De mensen uit de stad Cuzco in de Andes van Peru dragen zeer kleurige kleding.

Punta Arenas in Chili.

Afrika

Afrika is een groot, zonnig continent. Het staat bekend om zijn wilde dieren. In het noorden en het zuiden vind je droge woestijnen. Tussen de woestijnen liggen regenwouden en grasvlakten met veel wilde dieren.

Hoe lang is Afrika van het noorden naar het zuiden?

Zoek op...

Het hoogste punt van Afrika De berg Kilimanjaro in Tanzania is 5895 m hoog.

Een van de hoogste duinen van de wereld. Erg Tifernine in de Sahara is 400 m hoog.

De warmste plaats op aarde. In Al aïzia, in Libië, is het soms 58°C.

Het Suezkanaal

Dit door mensen gegraven kanaal loopt van de Middellandse Zee naar de Rode Zee. Het is gemaakt om sneller van Europa naar Azië te kunnen varen.

Madagaskar

Op Madagaskar leven Maki-apen. Ze wonen in bomen en hebben een gezicht dat op dat van een kat lijkt. Maar hun lichaam lijkt op dat van een aap.

Wilde dieren op de savanne

In een groot deel van Afrika vind je grasland dat savanne wordt genoemd. Hier leven grote kuddes grazende dieren maar ook leeuwen, hyena's en luipaarden.

Ongeveer 8000 km.

Wonen in Afrika

In Afrika zijn 50 landen, maar honderden volken, die meer dan duizend verschillende talen spreken. De meeste Afrikanen werken als boer op het platteland. Maar tegenwoordig wonen ook veel mensen in steden.

Mensen in Ghana dragen zo hun drinkwater.

Als je door een mug gebeten wordt, kun je malaria krijgen.

Gezondheid en ziekte

In sommige delen van Afrika is de gezondheid een groot probleem. Veel Afrikanen moeten elke dag uren lopen om drinkwater te halen. Ziektes als malaria komen veel voor.

Masai halskettingen

Het Masai-volk uit Oost-Afrika trekt met zijn koeien door het land. De vrouwen van de Masai dragen kleurige halskettingen om te laten zien hoe rijk ze zijn.

De Masai dragen vaak kleren met veel rode kleuren om leeuwen af te schrikken.

Hoe heet het grootste continent van de wereld?

Leven in de stad

Eén op de vijf Afrikanen woont in een grote stad, zoals Kaapstad. Ze verhuizen naar de stad om werk te zoeken.

Drummers uit Ghana

Afrikaanse muziek

Afrikanen houden van muziek en dansen. Deze muzikanten komen uit Ghana in West-Afrika. Hun drums zijn gemaakt dierenhuiden.

Safari's om dieren te helpen

Toeristen komen naar Afrika om de wilde dieren te zien. Met het geld dat de toeristen betalen, worden zeldzame dieren, zoals de neushoorn, gered.

Regenwoud

In de regenwouden van Midden-Afrika leven mensen die op wilde dieren jagen en fruit verzamelen.

Grote kudden dieren trekken over de savanne

Azië. Afrika is het op één na grootste.

Afrikaanse woestijnen

De Sahara in Noord-Afrika is de grootste woestijn van de wereld. In Zuid-Afrika zijn nog twee grote woestijnen: de Namibwoestijn en de Kalahariwoestijn.

Handel in de woestijn

Het Toeareg-volk leeft van de handel. Ze wonen in de Sahara. De mannen bedekken hun gezicht met lange blauwe sjaals.

Water in de woestijn
Een oase is een plek in de woestijn waar water is. Hier groeien planten, en mensen en dieren komen er om te drinken.

Toeareg reizen met motorfietsen, vrachtwagens en kamelen

Kamelen kunnen zware dingen vervoeren.

Wat zit er in de bult van een kameel?

Dieren in de Sahara

In de Sahara is het overdag heel warm en 's nacht ijskoud. Toch leven hier veel dieren.

De **woestijnvos** heeft grote oren om zich tegen de warmte te beschermen.

De gehoornde adder verbergt zich in het zand. Hier wacht hij op dieren om op te eten.

De **springmuis** haalt het vocht dat hij nodig heeft uit zaadjes.

Woestijnsprinkhanen vliegen in grote zwermen. Ze eten vaak de hele oogst van de boeren op.

Een **schorpioen** heeft een stekel aan het eind van zijn staart waarmee hij dieren kan doden.

Woestijnnomaden

Woestijnnomaden reizen met hun kamelen van de ene oase naar de andere. Ze wonen in tenten.

De San

Het San-volk leefde vroeger in de Kalahariwoestijn. Tegenwoordig wonen de meeste van hen in steden en dorpen. Maar sommige San leven nog in de woestijn. Hier jagen ze op dieren om op te eten.

De San gebruiken holle struisvogel-eieren om water te vervoeren.

aan de slag

Maak een nomadentent. Leg een groot laken over een tafel zodat de punten op de grond komen. Bedek de grond onder de tafel met kleurige kleedjes en kussens.

San-jagers met giftige pijlen.

Dogon-dansers

De Dogon leven in Mali, een land aan de rand van de Sahara. Hierboven zie je twee Dogon-dansers die een traditionele steltendans uitvoeren. Ze zijn verkleed als vogels met lange poten.

Vet.

De Nijl

Zonder de Nijl, de langste rivier van de wereld, zouden de mensen in Noordoost-Afrika niet kunnen leven. Er varen veel schepen op en met het water kan men groenten verbouwen.

Het Victoriameer is de belangrijkste bron van de Nijl.

De route van de Nijl
De Nijl begint in Oeganda en stroomt via Soedan en Egypte 6700 km naar het noorden.

Aswandammen
In Aswan in Egypte zijn twee grote dammen gebouwd om het water op te vangen en er elektriciteit mee te maken.

Varen op de Nijl

In Egypte varen de mensen in houten boten op de Nijl. Deze boten worden feloeken genoemd. Omdat het bijna nooit regent, kan de bemanning 's nachts boven op het dek slapen.

Aboe Simbel
De tempels van Aboe Simbel zijn al heel oud. Toen de Aswandam werd gebouwd, werden ze verplaatst omdat ze anders onder water zouden komen te staan.

Wie is er in de grootste piramide van Egypte begraven?

Stad aan de Nijl

Caïro is de hoofdstad van Egypte en de grootste stad van Afrika. Er wonen wel 10 miljoen mensen. Veel mensen leven in slechte buurten.

Luchtfoto van de Nijldelta

De Nijldelta

In de Nijldelta vind je veel slib (modder) uit de rivier. Hierdoor kan men goed groenten verbouwen.

Wat groeit hier

Deze gewassen groeien langs de Nijl.

Van **graan** wordt meel gemaakt om brood te bakken.

Dadels zijn lekkere vruchten. Van de bladeren van de dadelpalm worden manden gemaakt.

Van de vezels van de **katoenzaden** worden draden en kleren gemaakt.

De piramiden

In de woestijn bij Caïro staan hoge piramiden. Ze werden duizenden jaren geleden gebouwd als grafheuvels voor de vroegere koningen – de farao's.

Egyptische boeren gebruiken ezels om karren te trekken.

Landbouw langs de Nijl

De boeren gebruiken het water van de Nijl om hun gewassen op de smalle strook land langs de rivier te bevloeien. Achter dit land ligt de Sahara.

Cheops.

Scandinavië

Het noordelijkste deel van Europa heet Scandinavië. Het is een gebied met grote naaldbossen, besneeuwde bergen en een kust met veel inhammen.

IJsland

IJsland is een vulkanisch eiland in het noorden van de Atlantische Oceaan. Er zijn honderden warmwaterbronnen en geisers.

De eilandengroep **Færöer** hoort bij Denemarken maar ligt tussen Noorwegen en IJsland.

De Øresund Brug
De Øresund Brug loopt van Kopenhagen in Denemarken naar Malmö in Zweden. De verbinding over zee bestaat uit drie delen: een ondergrondse tunnel, een door mensen gemaakt eiland, en een brug. Samen zijn ze 16 km lang.

Scandinavië

Scandinavië is een prachtig gebied. De mensen verdienen er veel geld in de landbouw, de visserij en de houtindustrie. De winters zijn lang, donker en ijskoud.

In Scandinavië zijn heel veel dennenbossen.

Schansspringer, Noorwegen

Wintersporten

Wintersporten zijn heel populair in Scandinavië. Uit dit gebied komen veel goede schansspringers.

Alle huizen in Legoland zijn gemaakt van Lego.

Legoland

Het pretpark Legoland in Denemarken is gebouwd met 50 miljoen Lego™-stenen. Lego is in 1949 in Denemarken uitgevonden.

Houtindustrie

In Scandinavië groeien miljoenen bomen. Van het hout van de bomen maakt men huizen, meubels en papier.

Vikingschepen

De Vikingen leefden 1000 jaar geleden in Scandinavië. Ze vielen andere landen aan met schepen zoals deze.

Hoe heet een Finse stoomcabine?

Wilde dieren

De dieren in Scandinavië kunnen goed tegen de kou.

Poolvossen hebben een dikke witte vacht om zich warm te houden.

De **lynx** is een soort kat. Hij leeft in de bossen van Noorwegen en Zweden.

Papegaaiduikers zijn kleine zeevogels. Ze zwemmen onder water om vissen te vangen.

Elanden zijn grote rendieren. Hun grote gewei is soms wel 2 m breed.

Natuurlijk heet

IJsland heeft veel vulkanen, geisers (springbronnen) en warmwaterbronnen. Het water in dit meer wordt door hete, rotsen onder water verwarmd.

Noorse fjorden

Langs de kust van Noorwegen vind je honderden inhammen. Deze noem je fjorden. Schepen schuilen hier als het slecht weer is.

Lapland

Het noorden van Scandinavië wordt Lapland genoemd. De mensen die hier wonen heten Lappen of Samen. Sommige Lappen hebben rendieren voor hun huid, vlees en melk.

Een sauna.

Groot-Brittannië en Ierland

Groot-Brittannië bestaat uit Engeland, Schotland, Wales en Noord-Ierland. Ierland is een afzonderlijk land. De meeste mensen in Groot-Brittannië en Ierland spreken Engels.

De koninklijke familie

Engeland en Schotland hadden vroeger elk een eigen koning. In 1603 werd Groot-Brittannië gesticht en sinds die tijd is er nog maar één koninklijke familie. De huidige koningin heet Elizabeth II.

Het Eden Project, Cornwall
Hier staan heel grote kassen met planten uit alle delen van de wereld. Je kunt hier leren hoe belangrijk de natuur is voor de toekomst van onze aarde.

Buckingham Palace.

GB en Ierland

De eilanden die samen Groot-Brittannië en Ierland vormen, worden de Britse Eilanden genoemd. Ze zijn bekend om hun geschiedenis, tradities en het groene landschap.

De glazen cabines van het London Eye.

Het London Eye

Londen is de hoofdstad van Groot-Brittannië Hier staat het London Eye – een groot reuzenrad, vanwaar uit je een prachtig uitzicht hebt.

Fish en chips

De Britten zijn gek op gefrituurde vis met patat. Ze eten het uit een puntzak van een krant en doen er azijn op.

Een van de huizen van de koningin

Windsor Castle ligt in de buurt van Londen. Het is het grootste bewoonde kasteel van de wereld. Er zijn ongeveer 1000 kamers. Sommige delen van het kasteel kun je bezoeken.

Het Koninklijk Infanterie-regiment draagt hoge mutsen gemaakt van het bont van Canadese zwarte beren.

De bewakers van de koningin worden de beefeaters genoemd.

Hoe heet het dorp in Wales met de langste naam van alle plaatsen in Europa

In de pub

In bijna elke stad of dorp is minstens één pub (café). Hier komen de mensen naartoe om iets te drinken en hun vrienden te zien. In Ierse pubs drinken ze Guinness, een donker, schuimend bier.

Een glas Guinness

Rotsachtige kust

Langs de noordkust van Noord-Ierland zijn veel hoge rotsen. Via de wiebelende Carrick-a-rede touwbrug kom je op een klein eiland.

Britse sporten

De Britten hebben heel veel bekende sporten uitgevonden.

Cricket wordt gespeeld in de zomer. Soms duurt een wedstrijd wel vijf dagen.

Voetbal is de populairste sport in de wereld. Bijna iedereen kijkt naar de wedstrijden.

Rugby wordt gespeeld met een ovale bal waarmee de spelers over het veld rennen.

De meren in Schotland worden lochs genoemd.

Hoogland rund

Schotse hooglanden

Het noorden van Schotland is heel mooi en rustig. Er zijn veel bergen en grote meren. Je ziet er niet veel mensen. Soms kom je een boer of een wandelaar tegen.

Voetbal en rugby

Voetbal- en rugbywedstrijden worden door veel mensen bekeken. In Engeland en Schotland zijn veel voetbalfans. In Wales houden ze ook van rugby.

De Lage Landen

Omdat ze zo plat zijn worden België, Nederland en Luxemburg de Lage Landen genoemd. Soms worden ze ook de Benelux genoemd – de eerste letters van BElgië, NEderland en LUXemburg.

Amsterdam

De hoge huizen langs de Amsterdamse grachten werden honderden jaren geleden in opdracht van rijke specerijenhandelaars gebouwd. Ze staan op palen omdat de bodem onder de huizen niet erg stevig is.

Wist je dat..?

Brussel is de hoofdstad van Europa. Het is het centrum van de Europese Unie en het Europese Parlement.

900 windmolens langs de kust van Nederland zorgden er vroeger voor dat het land droog bleef.

Houten klompen werden 600 jaar geleden door Nederlandse boeren uitgevonden.

Holland.

De Lage Landen

Grote delen van Nederland stonden vroeger onder water. De mensen leerden echter hoe ze polders moesten maken. Nederland staat bekend om zijn bloemen.

Amsterdam

Sommige mensen noemen Amsterdam het 'Venetië van het noorden'. Want er zijn veel grachten en prachtige oude huizen. Fietsen is erg populair, omdat dat de gemakkelijkste manier is om door de stad te rijden.

De Nederlanders maken elk jaar 3 miljoen paar klompen. Boeren droegen deze schoenen vroeger als ze op drassig land moesten werken.

aan de slag

Maak een windmolen. Knip een kruis met 10 cm lange armen uit een stuk papier. Verdraai de armen iets en prik het kruis op een potlood en blaas ertegenaan.

Kaasmarkt

Elke vrijdag is er in Alkmaar een traditionele kaasmarkt waar grote kazen worden verkocht. De populairste kazen zijn Edammer, waar een jasje van rode was omheen zit, en Goudse kaas.

Hoe groot is het gedeelte van Nederland dat vroeger onder water lag?

Het middeleeuwse kasteel Vianden in Luxemburg

Luxemburg

Luxemburg is een klein, maar rijk land met mooie natuur en prachtige kastelen. De mensen spreken een taal die het Letzeburgs wordt genoemd.

Hollandse meester

Vincent van Gogh (1853-1890) was een heel goede, maar gekke Nederlandse schilder. Hij sneed zijn eigen oor af. Hij schilderde dit zelfportret in 1889.

Windmolens

De Nederlanders hadden vroeger windmolens om het water weg te pompen. Nu doen ze dat met elektrische pompen. De dijken zorgen ervoor dat het water niet terugloopt.

Het Atomium

Dit vreemde gebouw in Brussel bestaat uit negen ijzeratomen, 165 miljard maal vergroot. Je kunt 6 van de 'atomen' bezoeken. Ze zijn met roltrappen met elkaar verbonden.

Frankrijk

Frankrijk is het grootste land van West-Europa. De hoofdstad is Parijs. Hier staat de Eiffeltoren. Frankrijk staat bekend om zijn mooie platteland. Je ziet er kleine dorpjes en sprookjesachtige kastelen, die châteaux worden genoemd.

Mont Sint-Michel

Op het eiland Mont Sint-Michel voor de noordkust van Frankrijk staat een groot klooster. Als het laag water is, kan je over het zand naar het eiland lopen.

Waar kun je in Frankrijk flamingo's en wilde paarden vinden?

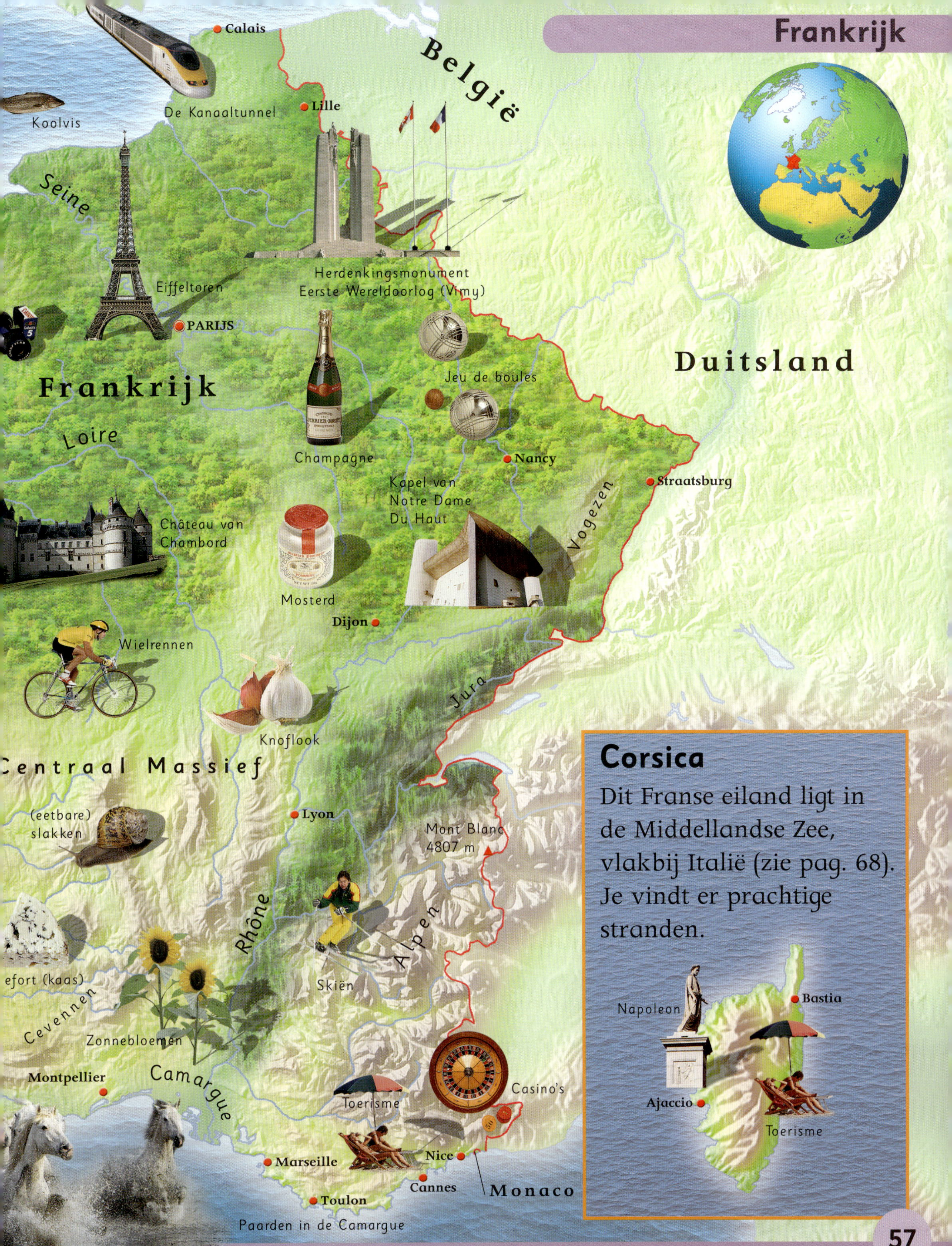

Corsica

Dit Franse eiland ligt in de Middellandse Zee, vlakbij Italië (zie pag. 68). Je vindt er prachtige stranden.

In de moerassen van de Camargue.

Frankrijk

Frankrijk staat bekend om zijn parfum, zijn stokbrood, zijn eetbare slakken en de champagne. Miljoenen toeristen komen elk jaar naar Parijs om de Eiffeltoren en de musea te zien.

Cafés

De Fransen vinden het heerlijk om op een terras te zitten en naar de mensen te kijken. Dit café ligt aan een brede straat: de Champs Élysées.

Bekende toren

De Eiffeltoren is de bekendste toren van Frankrijk. Hij is 300 m hoog en werd in 1889 gebouwd. Met een lift kun je naar de bovenste verdieping gaan.

Je kunt ook met een trap naar de eerste en de tweede verdieping gaan.

aan de slag

In Frankrijk zie je veel zonnebloemen. Stop in de lente een zaadje van de zonnebloem in een grote pot met aarde. Geef het elke week water, en in de zomer is de zonnebloem dan groter dan je zelf bent.

Hoeveel mensen beklimmen elk jaar de Eiffeltoren?

Voedsel en wijn

In Franse restaurants kan je heerlijk eten. Frankrijk is ook bekend vanwege de wijn.

Slakken zijn een lekkernij. Ze worden in hun schelp gekookt.

Croissants worden gebakken van bladerdeeg. Je eet ze bij het ontbijt.

Champagne is een witte wijn met belletjes. Hij wordt gemaakt in de streek Champagne.

Grote huizen

Een groot Frans landhuis wordt een château genoemd. Dit château staat in Azay-le-Rideau. Het is 500 jaar geleden gebouwd. Rond het huis is een meer.

Snelle treinen

De Franse TGV is de snelste passagierstrein ter wereld. Hij rijdt over een speciale spoorlijn met een snelheid van wel 300 km per uur.

Kaas maken

In Frankrijk worden 400 verschillende soorten kaas gemaakt. Deze kaasmaker klopt op de kaas om te controleren of er geen gaten in zitten.

De Tour de France duurt drie weken.

Ongeveer 200 wielrenners doen mee.

Wielrennen

De Tour de France is de grootste wielerwedstrijd van de wereld. De wielrenners moeten duizenden kilometers fietsen. Overal staan mensen langs de kant om de wedstrijd te bekijken.

Veel Franse boeren verbouwen druiven om wijn te maken.

Ongeveer 6 miljoen.

Duitsland en de Alpen

Het noorden van Duitsland is vlak. In het zuiden zijn bergen. Zwitserland en Oostenrijk liggen midden in de Alpen. Dit zijn de mooiste en grootste bergen van Europa.

Berlijnse Muur
Vroeger was de stad Berlijn door een lange muur in tweeën gedeeld. In 1989 hebben de mensen in Berlijn de muur weer afgebroken.

Hoe heet de componist die in 1756 in Salzburg in Oostenrijk is geboren?

Wolfgang Amadeus Mozart.

Duitsland en de Alpen

Duitsland, Oostenrijk en Zwitserland zijn rijke industrielanden. Ze maken veel goede producten, zoals auto's, horloges en chocolade.

Hoge bergtop

De Matterhorn in Zwitserland is een van de hoogste bergen van de Alpen. Alleen heel goede bergbeklimmers kunnen de top bereiken.

Door het glijdende ijs heeft de top van de Matterhorn de vorm van een piramide gekregen.

Wintersport

Miljoenen mensen gaan elk jaar naar de Alpen om te skiën en te snowboarden. Ook kun je er wandelen en bergen beklimmen.

Duitse industrie

Volkswagens worden in de grootste autofabriek van Europa gemaakt. Die fabriek staat in de buurt van de Duitse stad Hannover.

Hoe konden de boeren elkaar horen in de Alpen?

Dieren en planten

Ook hoog in de Alpen vind je planten en dieren.

Edelweiss is een klein bloemetje. Het groeit op de alpenweiden.

De **alpenmarmot** slaapt de hele winter in zijn holletje.

De **gems** heeft een dikke wollige vacht om hem warm te houden.

Veel mensen vinden de Weense gebakjes de lekkerste van de wereld

Weense koffiehuizen

In de stad Wenen in Oostenrijk zijn veel koffiehuizen. Hier kan je koffie drinken en dure gebakjes eten.

Het kasteel van Assepoester in Disneyland lijkt precies op het kasteel Neuschwanstein in Beieren.

Duitse kastelen

In de bergen in het zuiden van Duitsland zie je prachtige kastelen. Neuschwanstein werd in 1869 door de gekke koning Ludwig II gebouwd.

Carnaval

Duitsers vieren met carnaval het einde van de winter. In Keulen trekken mensen prachtige kostuums aan en lopen ze in optochten door de stad.

Waterwegen in Duitsland

In Duitsland zijn veel rivieren en kanalen. Dit vrachtschip vaart op de rivier de Neckar bij de stad Heidelberg.

De koeien in de Alpen dragen een bel om hun nek. Zo kunnen de boeren horen waar de koeien zijn.

Melkvee

De Zwitserse boeren nemen hun koeien in de zomer mee naar de alpenweiden. Van de melk van de koeien wordt chocolade en kaas gemaakt.

In Zwitserland wordt heel lekkere chocolade gemaakt.

Door te jodelen.

Spanje en Portugal

Spanje en Portugal liggen in het zonnige zuidwesten van Europa. Samen vormen ze het Iberisch Schiereiland.

Azoren

Deze Portugese eilanden liggen in de Atlantische Oceaan, bijna halverwege Afrika en Noord-Amerika.

Madeira

Dit Portugese eiland is bekend om zijn zoete wijn, die ook Madeira heet.

Canarische Eilanden

Deze zeven Spaanse eilanden liggen voor de westkust van Afrika.

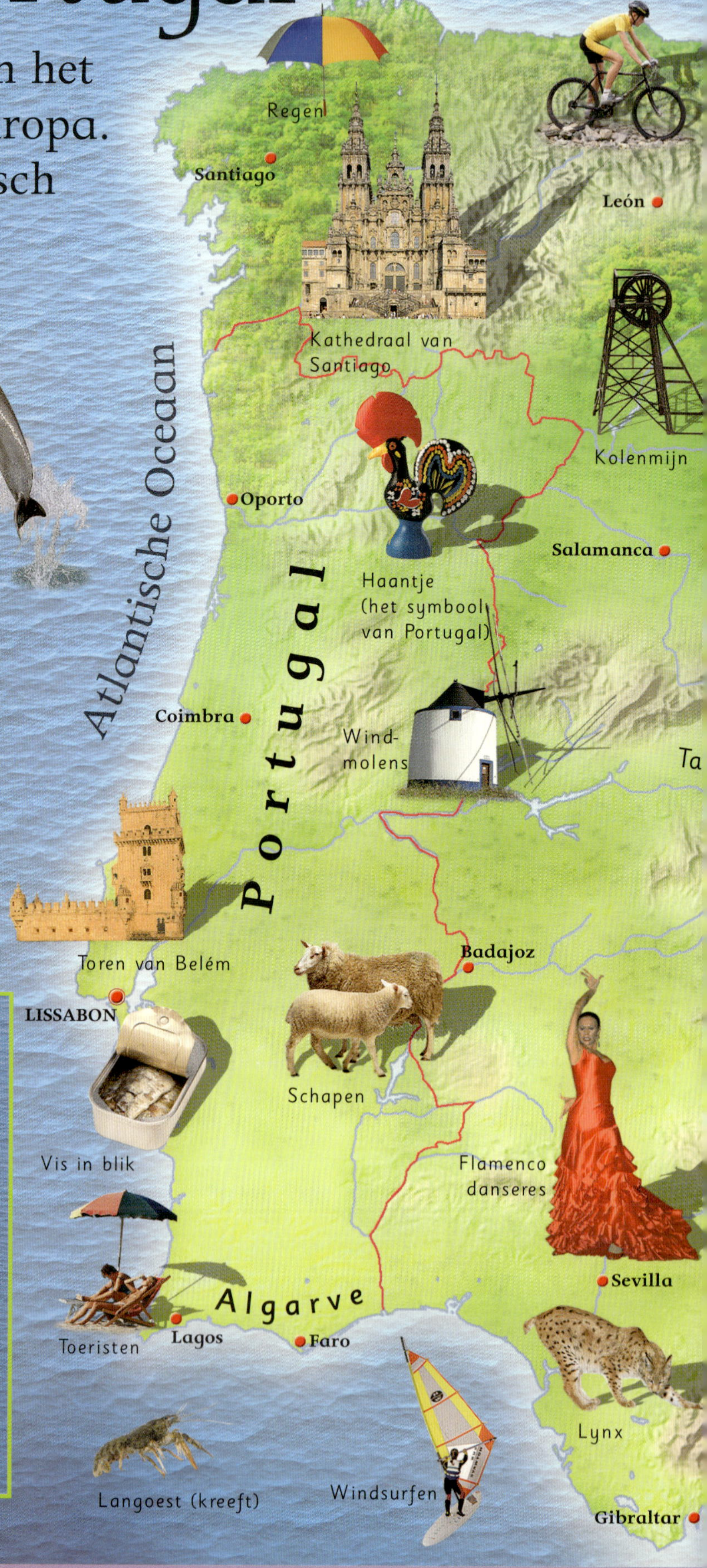

In welke stad van Spanje valt de meeste regen?

Mallorca
Veel toeristen bezoeken het Spaanse eiland Mallorca. Langs de rotsachtige kust zijn veel mooie kleine stranden.

Santiago.

Spanje en Portugal

Als er een feest is, zijn de straten van Spanje en Portugal vol met mensen. Maar als het 's middags heel warm is, zie je bijna niemand.

Flamencojurken hebben kleurige franjes.

Spaanse dans
De flamenco is een Spaanse dans. De dansers draaien rond en stampen op de grond. Deze dans bestaat al 500 jaar.

De bouw van een kathedraal
Dit vreemde gebouw is een kathedraal in de Spaanse stad Barcelona. Hij werd ontworpen door een beroemde Spaanse architect, Antonio Gaudí (1852-1926). Er wordt nog steeds aan gebouwd.

Stieren in de straten
Elk jaar wordt in juli in de Spaanse stad Pamplona een groot feest gehouden. Stieren lopen dan op straat en iedereen probeert zo hard mogelijk weg te rennen.

Paella
Dit traditionele Spaanse gerecht wordt gemaakt van gele rijst, kleine zeedieren, stukjes vlee tomaten en pepers.

In welke stad werden in 1992 de Olympische Spelen gehouden?

De stranden van de Algarve

De zuidkust van Portugal wordt de Algarve genoemd. In dit warme gebied zijn veel zandstranden. Veel toeristen uit heel Europa gaan hier naartoe om vakantie te vieren.

Op de gitaar speel je door aan de snaren te 'plukken'.

Klassieke gitaar

De traditionele muziek van Spanje, de flamenco bijvoorbeeld, wordt op een klassieke gitaar gespeeld. Deze gitaar werd ongeveer 500 jaar geleden in Spanje uitgevonden.

Visserij

Spanje en Portugal liggen tussen de Atlantische Oceaan en de Middellandse Zee. De mensen die langs de kust wonen, eten veel vis en schaaldieren.

Traditionele Portugese vissersboten.

Kreeften worden rood als je ze kookt. Levende kreeften zijn blauwgrijs.

Italië

Italië heeft de vorm van een hoge laars. De bovenkant ligt in de Alpen en de hak zwemt in de Middellandse Zee.

Italiaanse meren

In het noorden van Italië zijn 23 meren. Het grootste meer is het Gardameer waar je goed kunt zeilen en surfen.

Zoek op...

De grootste vulkaan van Europa. De berg Etna op Sicilië is de grootste en meest actieve vulkaan van Europa.

De scheefste toren van de wereld. De scheve toren van Pisa is een campanile of klokkentoren.

Waar werd de eerste pizza gebakken? In de 17de eeuw vond een bakker in Napels de pizza uit.

Italië

Enkele van de mooiste steden van de wereld vind je in Italië. In de musea kun je prachtige schilderijen en beelden zien. Italië heeft ook moderne fabrieken, waar ze auto's en elektrische apparaten maken.

Vaticaanstad

In Vaticaanstad woont de paus, de belangrijkste man van de rooms-katholieke kerk. Vaticaanstad is het kleinste land ter wereld. Het heeft ook een eigen vlag.

Venetië

Venetië is gebouwd op een paar eilanden in de zee. Venetië heeft kanalen en boten in plaats van straten en auto's.

Hoe heten de mensen die vroeger in Italië woonden?

Italiaans eten

Italianen vinden het leuk om met hun familie en vrienden te eten. Ze eten vaak pasta en olijfolie.

Cappuccino is koffie met schuimende melk. Italianen drinken verschillende soorten koffie.

Er zijn tientallen soorten **pasta.** Deze wordt farfalle genoemd.

In Italië wordt al meer dan 500 jaar **ijs** gemaakt.

De berg Vesuvius

Een dode hond uit Pompeii.

Vesuvius en Pompeii

In het jaar 79 v.Chr. barstte de vulkaan Vesuvius uit en werd het stadje Pompeii onder de lava bedolven. De ruïnes van Pompeii kun je hier nog zien.

Beschilderde kapel

De Sixtijnse kapel is in het Vaticaan. Hij werd ongeveer 500 jaar geleden door beroemde Italiaanse schilders beschilderd. Een van hen heette Michelangelo.

Michelangelo deed er vier jaar over, van 1508 tot 1512, om het plafond van de Sixtijnse Kapel te beschilderen.

aan de slag

Maak een pizza. Neem een boterham en leg er stukjes tomaat en plakjes kaas op. Bak het onder de gril of in de oven, tot de kaas is gesmolten.

Auto's en scooters

Veel beroemde sportauto's komen uit Italië. Dit is een Ferrari. De straten van Italiaanse steden zijn vol met brommende scooters.

Midden-Europa

Deze landen kenden tot in de jaren negentig een communistisch bewind. Nu zijn het moderne landen waar de industrie zich snel ontwikkelt. Op het platteland zijn nog veel traditionele boerenbedrijven.

Wist je dat?

De Poolse stad Torun is bekend door zijn **gemberbrood**.

Boedapest wordt door de rivier de Donau in tweeën gedeeld. Aan de ene kant ligt Boeda, aan de andere kant Pest.

De sneeuwwitte **Lipizzaner paarden** komen uit Slovenië.

Welk pittige kruid zit er in Hongaarse goulash?

Paprikapoeder.

Centraal Oost-Europa

In de winter sneeuwt het heel veel in de bergen en vlakten van dit deel van Europa. In de zomer komen veel toeristen naar de steden in dit gebied.

Rivier de Moldau, Praag

Oud en modern

Praag is de moderne hoofdstad van de republiek Tsjechië. Er zijn veel oude gebouwen omdat de stad nooit door een oorlog is verwoest.

Europese bizon

Toren bij het Bledmeer

Dit is het Bledmeer in Slowakije. Men zegt dat je wens uit zal komen als je de klok in de toren luidt.

Bizon

In de bossen van Polen leven wel duizend wilde bizons. Zo'n groot dier weegt net zoveel als een auto.

Marionetten

De Tsjechen gaan graag naar het marionettentheater, net als de mensen in Slowakije.

Wat is het Tsjechische woord voor 'ja'?

Beschilderde cadeautjes
Als het pasen is, geven Tsjechen en Slowaken elkaar eieren die ze zelf beschilderd hebben.

Warmwaterbaden
In Boedapest zijn warmwaterbaden. Ze zijn gevuld met warm water uit ondergrondse bronnen. Men zegt dat ziektes kunnen genezen als je in dit water zwemt.

De verdedigingsmuur van Dubrovnik.

Dubrovnik

Dubrovnik is een oude stad aan de kust van Kroatië. Veel mensen komen hier om in de smalle straatjes te wandelen en om van de frisse zeelucht te genieten.

Marionetten

Oost-Europa

De landen van Oost-Europa liggen tussen de Oostzee en de Zwarte Zee. Ze hoorden bij de Sovjet-Unie totdat ze in 1991 onafhankelijk werden.

De Kruisberg

Elk jaar komen veel pelgrims naar deze heilige plaats in Litouwen. Ze zetten hier dan allemaal een kruis neer, zodat deze heuvel nu vol kruizen staat.

Hoe heten de Baltische staten?

Zoek op...

De oudste dieren in de Oekraïne. Hier leefden 25.000 jaar geleden mammoeten.

Van welke plant wordt linnen gemaakt? In Wit-Rusland groeit veel vlas. Van de vezels van deze plant wordt linnen gemaakt.

Het grootste moeras van Europa
De Pripjat-moerassen zijn 270.000 km^2 groot (ongeveer zeven keer zo groot als Nederland).

Oost-Europa

Door de koude Oostzee is het in de landen Estland, Letland en Litouwen erg nat en kil. In de Oekraïne wordt olie, gas, steenkool en ijzererts gevonden.

In de oude stad Tallinn is de grootste haven van Estland.

Hoofdstad van Estland

In het heuvelachtige, natte Estland wonen maar een half miljoen mensen. Eenderde van hen leeft in de hoofdstad Tallinn.

Het platteland

In Oost-Europa zijn steeds meer fabrieken, maar veel mensen werken nog op het land. De meeste boeren hebben geen machines en tractoren. Ze werken met hun handen en gebruiken paarden.

Bij ritmische gymnastiek draaien de dansers met slingers en hoepels in de rondte.

Rodelbaan bedekt met sneeuw

Rodelbaan

In de buurt van Riga in Letland vind je een grote bobsleebaan en een rodelbaan. De sporters sleeën met een snelheid van wel 125 km per uur naar beneden.

Dans-gymnastiek

Ritmische gymnastiek is een heel populaire sport in de Oekraïne. Het is een soort gymnastiek met dans en muziek.

Hoe heet de duurste kaviaar van de wereld?

Amber uit Litouwen

Amber is een soort edelsteen. Hij is in miljoenen jaren gegroeid uit de hars van naaldbomen. Soms zitten er kleine diertjes in. Bijna alle amber in de wereld wordt in Noord-Litouwen gevonden.

Deze spin kwam miljoenen jaren geleden in de amber terecht.

Kasteel aan de kust

Een van de bekendste gebouwen van Zuid-Oekraïne is het Zwaluwnestkasteel aan de kust van de Krim. Vroeger woonde hier een rijke Duitse oliehandelaar. Nu is het een Italiaans restaurant.

Het Zwaluwnestkasteel staat op een hoge rots bij de Zwarte Zee.

Wolven

Er leven niet veel grijze wolven meer in Europa. Maar in de bossen van de Karpaten in Zuidwest-Oekraïne zijn nog wel grote groepen wolven. Ze jagen op wilde zwijnen en reeën.

Eten

Enkele bijzondere gerechten die in Oost-Europa worden gegeten.

Draniki is een aardappelpannenkoek gevuld met vlees.

Kaviaar is een dure lekkernij. Het wordt gemaakt van de eitjes van de steurvis.

Borsjtsj is soep met rode bieten. Je kunt borsjtsj koud of warm eten.

Toerisme langs de Zwarte Zee

Veel Oost-Europeanen en Russen gaan in de zomer naar het Schiereiland Krim. Het is er lekker warm, er zijn mooie, grote stranden en prachtige heuvels.

Almas-kaviaar. Deze kaviaar is wit gekleurd en kost wel 9500 euro per kilo.

Zuidoost-Europa

De lange rivier de Donau stroomt door Zuidoost-Europa. De rivier vormt de grens tussen Roemenië en Bulgarije. In het zuiden van Zuidoost-Europa vind je de ruïnes van de steden van het oude Griekenland.

Zoek op...

Spons. De ouderwetse sponzen waarme je je kunt wassen, zijn de skeletten van dode zeedieren.

Yoghurt. De mensen in Bulgarije eten heel veel yoghurt. Ze hopen dat ze daardoor langer zullen leven.

Griekse koffie. Griekse mensen maken koffie door gemalen koffiebonen in een klein pannetje met water te koken.

Het eiland Chios in de Egeïsche Zee

Olijven.

Zuidoost-Europa

Zuidoost-Europa is warm en er zijn mooie stranden. Veel mensen zijn boer of werken voor de toeristen. Mensen uit de hele wereld gaan naar Griekenland om de oude gebouwen en de eilanden te bezoeken.

Griekse soldaten
Deze soldaat wordt een Evzone genoemd. Hij bewaakt het parlementsgebouw in Athene.

Eten

In dit deel van Europa groeien veel groenten.

Druiven, om wijn van te maken, groeien hier goed omdat het warm is.

Watermeloenen zijn lekker fris. Ze groeien op de grond.

Van **maïs** maakt men meel, voedsel voor dieren, maar ook brandstof.

Het Parthenon
Deze oude tempel staat op een rots in het centrum van Athene. Hij werd bijna 2500 jaar geleden gebouwd.

Op de eilanden van Griekenland staan veel witte kerkjes.

Griekse eilanden

In Griekenland zijn meer dan 2000 eilanden. Miljoenen mensen uit Europa gaan hier met vakantie naartoe.

Welke belangrijke sportwedstrijden werden in 776 v.Chr. voor het eerst in Griekenla

Het kasteel Bran in Transsylvanië

Rozenfestival in juni in de stad Kazanlik in Bulgarije

Rozenfestival

Boeren in Bulgarije verbouwen rozen om parfum van te maken. Om 100 g rozenolie te maken heb je 2000 bloemblaadjes nodig. Elk jaar vieren de rozenplukkers een groot feest.

De legende van Dracula

Transsylvanië is een streek in het noorden van Roemenië. In de bergen van Transsylvanië zijn veel bossen. Hier woonde de vampier uit het *Dracula*-verhaal.

Zigeuners

In Zuidoost-Europa wonen veel zigeuners (Roma). Ze reizen veel en houden van muziek en dansen.

Geiten

De boeren in het droge Griekenland moeten hard werken. Ze hebben vaak geiten voor kaas en melk.

Rusland en Centraal-Azië

Rusland ligt in twee continenten: Europa en Azië. Ten zuidwesten van dit land liggen de acht onafhankelijke landen van Centraal-Azië en de Kaukasus.

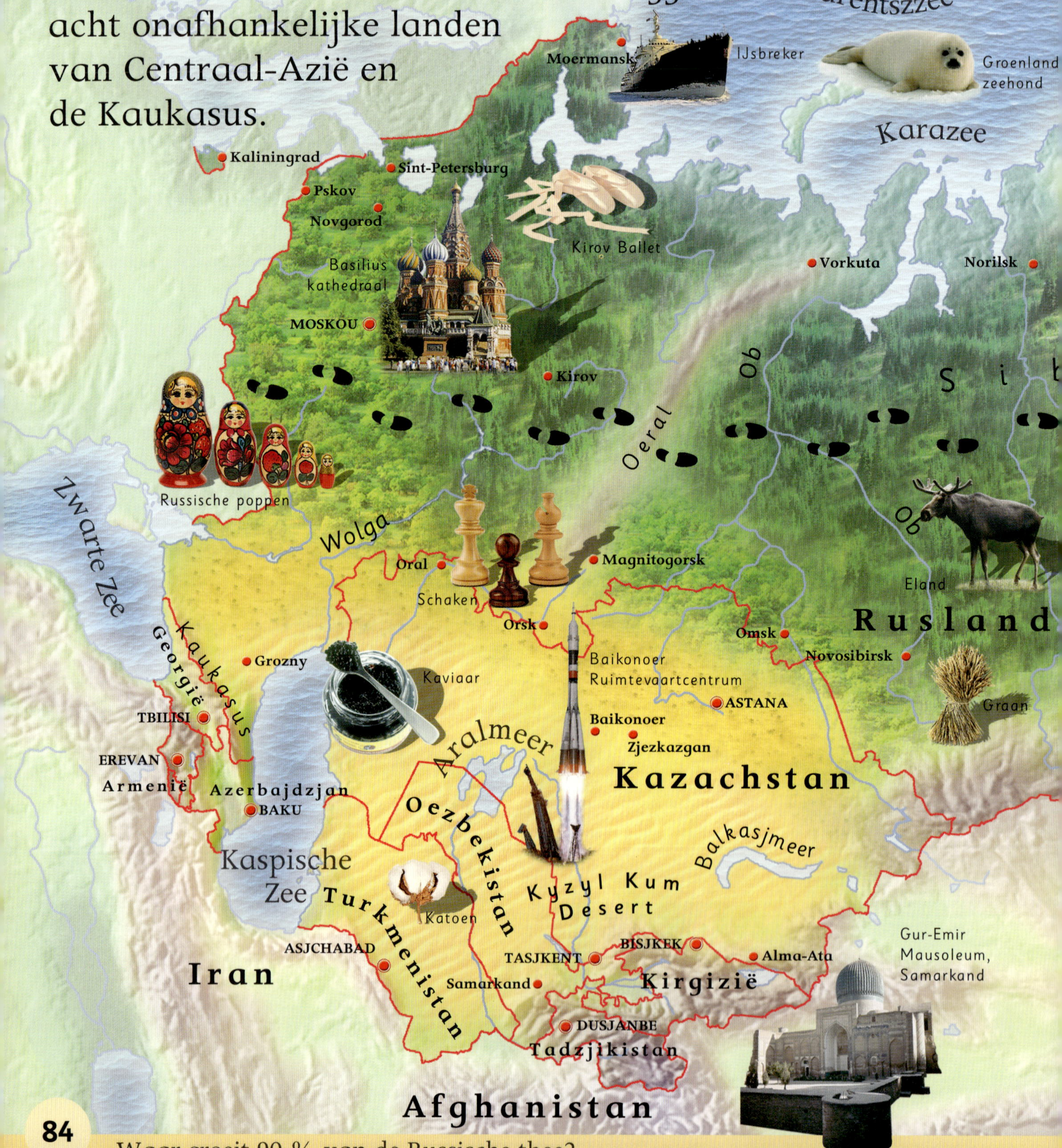

Waar groeit 90 % van de Russische thee?

Wandeltocht

Rusland is het breedste land van de wereld. Het zou meer dan twee maanden duren als je zonder pauze van het westen naar het oosten zou lopen.

Een kleiner wordend meer

Het Aralmeer, tussen Kazachstan en Oezbekistan, wordt steeds kleiner. Doordat het water wordt gebruikt voor de katoenvelden van Oezbekistan, komen de vissersboten droog te liggen.

Wist je dat?

Kaviaar uit de Kaspische Zee is zo duur dat het 'zwart goud' wordt genoemd.

Het **Bajkalmeer** is het diepste en grootste zoetwatermeer van de wereld.

Verchojansk is de koudste stad op aarde. In de winter daalt de temperatuur tot -68°C.

In Georgië.

Rusland

Rusland is het grootste land van de wereld. De meeste mensen wonen in steden in het westen van het land. De regering zit in de stad Moskou.

Het Zomerpaleis
Dit prachtige paleis staat in Sint-Petersburg. Het werd 300 jaar geleden gebouwd voor Peter de Grote, die toen de leider of tsaar van Rusland was.

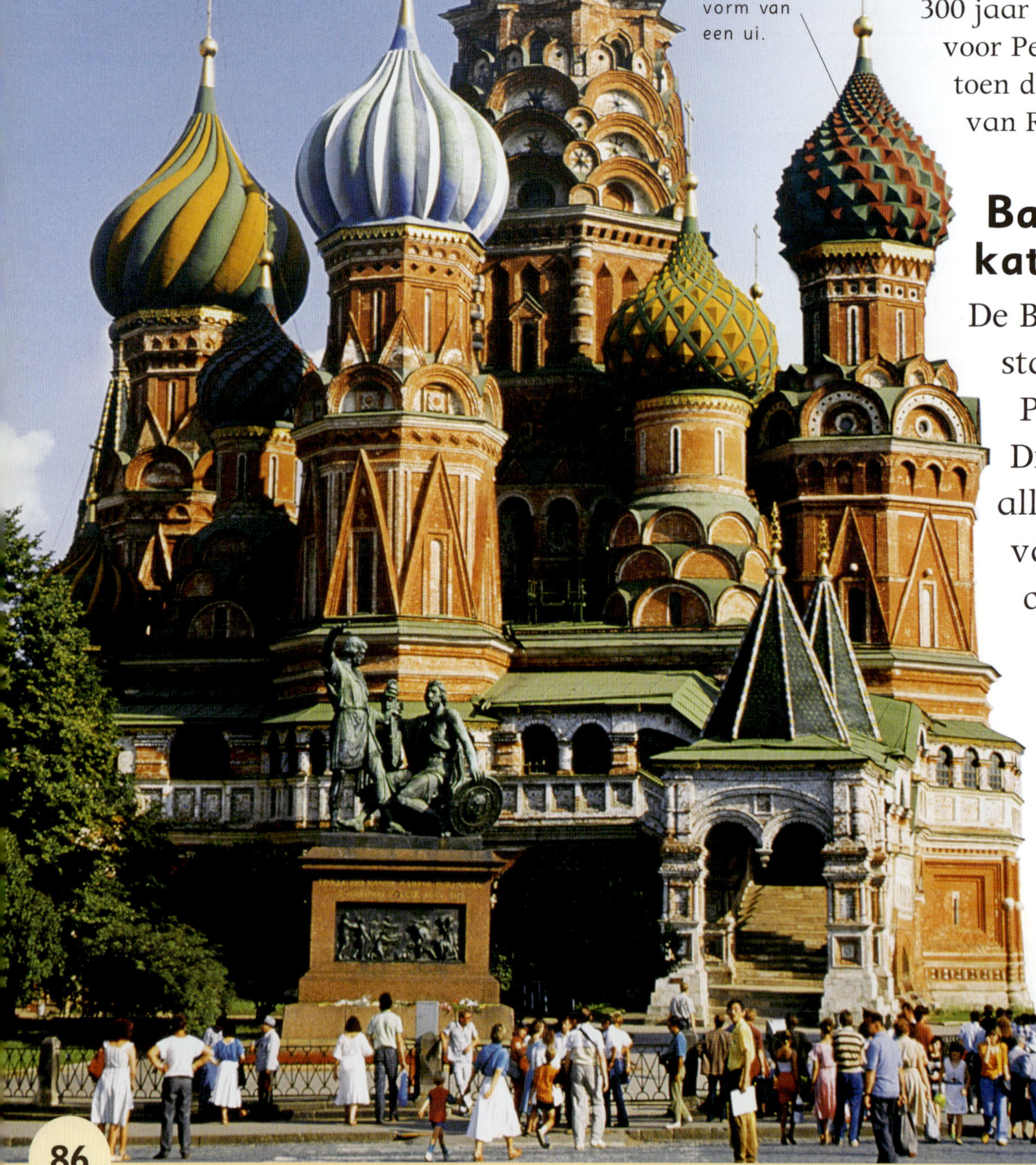

Russische kerken hebben koepels in de vorm van een ui.

Basilius kathedraal

De Basilius kathedraal staat op het Rode Plein in Moskou. Driekwart van alle Russen is lid van de orthodox-christelijke kerk.

Deze Russische poppen passen allemaal in elkaar.

Hoe heette Sint-Petersburg toen Rusland nog de Sovjet-Unie werd genoemd?

Balletschool
Het Bolsjoi Ballet is de beroemdste balletgroep van Rusland. De dansers, die op de balletschool hebben gezeten, treden op in het Bolsjoi Theater in Moskou.

Russische cultuur

De Russen houden veel van muziek, kunst, toneelstukken en boeken.

De beroemde componisten **Tsjaikovski** en **Stravinski** zijn in Rusland geboren.

De Russische schrijver **Tolstoj** schreef het boek *Oorlog en Vrede*.

De **balalaika** is een Russisch muziekinstrument. Je speelt erop door aan de snaren te 'plukken'.

Sovjet-Rusland
Rusland maakte vroeger deel uit van een heel grote staat die de Sovjet-Unie heette. Die staat werd bestuurd vanuit het Kremlin in Moskou.

Het Kremlin is een heel groot gebouw in Moskou.

De rode ster, de hamer en de sikkel waren vroeger de symbolen van de Sovjet-Unie.

Vladimir Iljitsj Lenin (1870-1924) was de stichter van de Sovjet-Unie.

Bruine beer
De bruine beer is het symbool van Rusland. Hij leeft in het noorden en jaagt op vissen en kleine dieren.

Leningrad.

Siberië en haar buurlande

Siberië ligt ten oosten van de Oeral. Dit is een heel groot gebergte met veel pijnbomen. In het noorden is het zo koud dat de grond altijd bevroren is.

Rendier
Ivoren beeldje uit Siberië van een rendier dat een slee trekt. De mensen in Noord-Siberië hebben rendieren voor hun melk, vlees en bont en om sleeën te trekken.

Nenet-kinderen dragen bont en met bont gevoerde schoenen.

Mensen in Siberië

Het Nenet-volk leeft in de winter in de bossen van Siberië. In de zomer reizen ze met hun rendieren naar de weiden in het noorden.

De Transsiberische spoorlijn
Het duurt acht dagen om met de trein van Moskou naar Vladivostok te rijden. Het is de langste spoorlijn van de wereld.

Hoe lang is de Transsiberische spoorlijn?

Olie in Azerbajdzjan
In Azerbajdzjan in Centraal-Azië zit veel gas, olie en kolen onder de grond. De mensen hier verdienen veel geld met het verkopen van de olie.

Made in Russia

Hieronder zie je een paar bekende dingen die in Rusland worden gemaakt.

Een **samovar** is een versierde ketel om water voor de thee in warm te maken.

De heel oude **Fabergé eieren** zijn heel veel geld waard.

In het dorp Dymkovo worden prachtige **poppen van klei** gemaakt.

Warme **laarzen** worden gemaakt van het bont van dieren uit de bossen van Siberië.

Vroeger werd het meeste **Russische speelgoed** uit hout gesneden.

Russische raketten
In Kazachstan is het Baikonoer Ruimtevaartcentrum. Hiervandaan vertrekken de satellieten naar de ruimte. In 1957 werd de Spoetnik gelanceerd, de eerste kunstmaan die een baan rond de aarde maakte.

Raketten stijgen op van het ruimtevaartcentrum Bajkonur.

Tapijt weven

Vrouwen in Centraal-Azië weven wollen tapijten om cadeau te geven als iemand trouwt. De tapijten worden met de hand gemaakt en gekleurd met verf van planten.

Midden-Oosten

In dit deel van de wereld is het warm en droog. Drie belangrijke godsdiensten zijn hier ontstaan.

Mekka

Mekka is een heilige plaats voor de moslims. Minstens eenmaal in hun leven gaan ze naar deze stad. Ze bidden dan bij de Kaba, een grote kubusvormige steen.

De eerste wolkenkrabbers

De mensen in Jemen bouwden duizenden jaren geleden al hoge huizen van steen. De onderste verdiepingen waren voor de dieren en om spullen op te bergen. De mensen woonden op de bovenste verdiepingen.

Fruit

In het Midden-Oosten kan alleen op natte plaatsen fruit groeien.

Vijgen zijn zachte, kleverige vruchten. Ze worden gedroogd om ze langer te kunnen bewaren.

Olijven worden uitgeperst om olijfolie te maken.

Dadels groeien aan palmbomen. Deze vind je langs rivieren en bij oases.

In welk land groeien de meeste hazelnoten?

Zwarte Zee
Kaspische Zee
Ararat
5165 m
Hoofd van Zeus
Syrië
Olijven
Vijgen
Libanon
DAMASCUS
AMMAN
Jordanië
Irak
BAGDAD
Huis van riet
Valkenjacht
Oude stad Petra
TEHERAN
Chador, traditionele kleding voor vrouwen
Iran
Turkoois
Iraans eten – kip kebab
Persepolis-paleis
Koeweit
KOEWEIT STAD
De Golf
Bahrein
Qatar
DOHA
ABU DHABI
Oman
Golf van Oman
MASKATE
Verenigde Arabische Emiraten
Olieraffinaderij
Olie
Woestijn-oase
RIAAD
Mekka
Saudi-Arabië
Arabische Woestijn
Rode Zee
Langs de kust van de Rode Zee groeien koraalriffen. Het water is hier warm en helder.
Kamelen
Oman
Arabische spiesbok
Olietanker
Jemen
Wierookboom
SANAA
Arabische Zee
N
W
O
Z

In Turkije.

Midden-Oosten

Het Midden-Oosten ligt tussen Europa, Afrika en Azië. De meeste mensen zijn moslim – hun godsdienst is de islam.

Traditionele kleding

Moslimvrouwen bedekken hun haar en hun lichaam als ze de straat op gaan.

Lekker zoet

Baklava is een populaire lekkernij uit het Midden-Oosten. Het wordt gemaakt van opgerolde plakjes bladerdeeg met gehakte noten en honing.

De torens rond een moskee heten minaretten. Dit is de Blauwe Moskee in Istanbul, Turkije.

Een tegel uit de moskee

Moskee

Moslims bidden in moskeeën. Elke moskee is versierd met mooie tegels en teksten uit de Koran – het heilige boek van de moslims.

Kamelen kunnen tien maanden

Met een kamelenkaravaan worden goederen door de woestijn vervoerd.

Welke taal wordt in de meeste landen van het Midden-Oosten gesproken?

Zoute zee
De Dode Zee ligt 400 m onder het zeeniveau. Het water is zo zout dat je erop blijft drijven. Planten en dieren kunnen hier niet leven.

De Klaagmuur
Jeruzalem is de heilige stad van de moslims, christenen en joden. De joden bidden bij de Klaagmuur. Deze muur is een overblijfsel van een joodse tempel die 2000 jaar geleden werd gebouwd.

Olierijkdom

Meer dan de helft van alle olie in de wereld ligt onder de grond in het Midden-Oosten. Door de ontdekking van olie en gas zijn veel landen in het Midden-Oosten heel rijk geworden. Ze verkopen de olie aan andere landen, die er bijvoorbeeld benzine voor auto's van maken.

Het Burj Al-Arab hotel in Doebai, Verenigde Arabische Emiraten

Het hoogste hotel

Het Burj Al-Arab hotel in Doebai is het hoogste hotel van de wereld. Het staat op een door mensen gemaakt eiland en het ziet eruit als het zeil van een schip.

aan de slag
Maak een Arabische hoofddoek.
Vouw een geblokte doek dubbel zodat je een driehoek krijgt en leg hem over je hoofd, maar niet over je gezicht. Maak hem vast met een riem over je voorhoofd.

leven zonder water te drinken.

Arabische mannen dragen lange, wijde kleren en een hoofddoek om zich tegen de hete woestijnzon te beschermen.

Arabisch.

Zuidelijk Azië

In Zuidelijk Azië wonen heel veel mensen. India is het grootste land in dat gebied. Daar wonen meer dan een miljard mensen.

Optocht van olifanten

Tijdens het festival van Puram in het zuiden van India lopen 101 olifanten in een grote optocht door de stad Trichur.

In welke rivier strooit men de as van een overleden hindoe?

Zoek op...

Lapis lazuli. Van deze edelsteen werd vroeger prachtige, hemelsblauwe verf gemaakt.

Een **Indiase danser.** Klassieke dansers vertellen met de bewegingen van hun lichaam een oud verhaal.

Gangesdolfijn. Deze dolfijn kan heel slecht zien. Om zijn weg in modderig water te vinden luistert hij naar geluiden.

De moesson
In zuidelijk Azië is het meestal droog en warm. Maar in de zomer regent het altijd een paar weken achter elkaar. Deze tijd wordt de moesson genoemd. Met het regenwater kunnen de boeren rijst verbouwen.

In de Ganges.

Zuidelijk Azië

Niet alle mensen in Zuidelijk Azië hebben dezelfde godsdienst. De meeste mensen zijn hindoe, maar er wonen ook moslims, boeddhisten, sikhs en christenen.

Indiaas eten

Bij een Indiase maaltijd eet je een heleboel kleine hapjes op een metalen bord (een thali).

Pelgrims baden in de Ganges.

Bedreigde tijgers

Vroeger leefden er overal tijgers in Zuidelijk Azië. Nu zijn ze zeldzaam maar in sommige delen van India en Bangladesh kun je nog tijgers zien.

Rond de graftombe in het midden staan vier minaretten.

Indiase kunsten

Indiërs houden van muziek, dans, theater en verhalen vertellen. De Kathakali-dansers beelden hindoe-mythen uit.

Kathakali-danser

De heilige rivier de Ganges

De hindoes geloven dat het water van de rivier de Ganges hun zonden wegwast. Miljoenen pelgrims nemen een bad in de heilige stad Varanasi.

Bollywood
Omdat er in Bombay zoveel films worden gemaakt, noemen de mensen deze stad Bollywood. Indiase films duren heel lang en er wordt veel in gezongen en gedanst.

De olifant-god Ganesh

Taj Mahal

De Taj Mahal is een graftombe. De Indiase keizer Shah Jahan heeft hem meer dan 300 jaar geleden voor zijn dode vrouw laten bouwen.

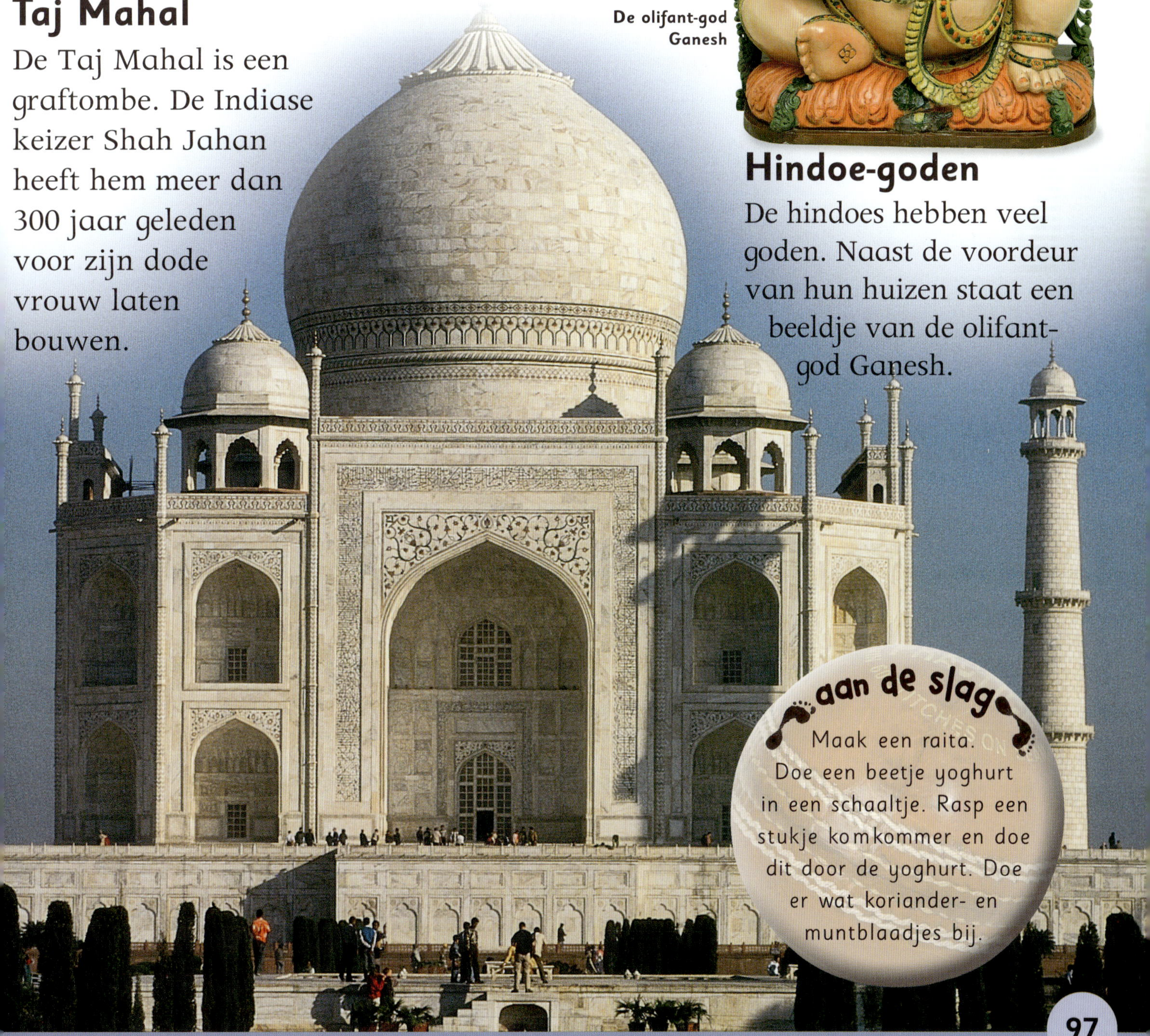

Hindoe-goden

De hindoes hebben veel goden. Naast de voordeur van hun huizen staat een beeldje van de olifant-god Ganesh.

aan de slag
Maak een raita. Doe een beetje yoghurt in een schaaltje. Rasp een stukje komkommer en doe dit door de yoghurt. Doe er wat koriander- en muntblaadjes bij.

Zuidoost-Azië

In Zuidoost-Azië is het het hele jaar erg warm en vochtig. Er zijn duizenden eilanden. Op veel van die eilanden vind je grote regenwouden en vulkanen.

Drijvende markt

In de stad Bangkok zijn veel kanalen. Deze kooplieden verkopen hun groenten vanuit hun boot. Ook de klanten komen met bootjes om te kijken of er nog koopjes zijn.

Hoe heet de grootste hagedis van de wereld?

Zoek op...

Een zeldzame aap. **Orang-oetans** leven alleen op Borneo en Sumatra.

Een dier met slagtanden die door zijn gezicht groeien. De **babiroessa** is een soort varken.

De grootste bloem van de wereld. De **rafflesia** kan bijna één meter breed worden.

Padievelden

Rijstplantjes groeien hard in dit vochtige klimaat. De boeren planten ze in velden waar water op staat. Zo'n veld noem je een padieveld. Soms zie je ze als terrassen op de heuvels.

De komodovaraan. Hij kan wel 3 meter lang worden.

Zuidoost-Azië

In Zuidoost-Azië liggen veel landen die uit eilanden bestaan. Het kleinste is het eiland Singapore. Het grootste is Indonesië, dat meer dan 13.000 eilanden heeft.

Liggende boeddha in Ayuthaya, Thailand

Boeddhistische monnik

Liggende boeddha

Veel mensen in Zuidoost-Azië zijn boeddhisten. Hun godsdienst werd 2500 jaar geleden gesticht door een man die Boeddha heette. Er zijn veel beelden van hem.

Tempel in het oerwoud

De grote tempel van Angkor Wat in Cambodja werd 900 jaar geleden gebouwd. Hij lag helemaal verscholen in het oerwoud en werd pas in de vorige eeuw ontdekt.

De torens van Angkor Wat zi de nationale v van Cambodja afgebeeld.

Nieuw-Guinea

In de oerwouden van Nieuw-Guinea leven honderden verschillende stammen. Veel stammen hebben een eigen taal. Deze vrouw leeft in de Mount Hagen-stam.

Welke sterk ruikende vrucht mag niet gebruikt worden in restaurants in Zuidoost-Azië?

Exotisch fruit

In het warme, vochtige Zuidoost-Azië groeien veel bijzondere vruchten.

De **doerian** smaakt heerlijk, maar stinkt verschrikkelijk.

Binnen in de **kokosnoot** zit wit vruchtvlees en kokosmelk.

Het vruchtvlees van de **boeah-nona** lijkt op dikke vanillevla.

Met plakjes van de **sterappel** worden toetjes versierd.

De **ramboetan** heeft een harde schil met zachte haartjes.

De Petronas Torens

Deze kantoorgebouwen in Kuala Lumpur (Maleisië) waren van 1998 tot 2003 de hoogste gebouwen van de wereld. Elke toren is 452 m hoog.

Dieren op de eilanden

In Zuidoost-Azië leven veel bijzondere dieren. Orang-oetans wonen in de regenwouden van Borneo en Sumatra. Komodovaranen zijn vleesetende hagedissen. Ze leven op een paar eilanden in Indonesië.

Lange nekken

De Karen-stam woont in de heuvels van Birma. De vrouwen dragen steeds meer ringen om hun nek waardoor deze steeds langer wordt.

Orang-oetans springen van de ene boom naar de andere om door het oerwoud te gaan.

Komodovaraan

De doerian.

China en buurlanden

In China wonen meer dan 1 miljard mensen – dat is eenvijfde van alle mensen op aarde. Het buurland Mongolië heeft de minste inwoners.

Terracotta leger

Dit leger van standbeelden in Xi'an werd meer dan 2000 jaar geleden gemaakt om de graftombe van Qin Shi Huang, de eerste keizer van China, te beschermen. De beelden werden in 1974 ontdekt.

Chinese opera

In de Chinese opera wordt veel gezongen, geacteerd en aan acrobatiek gedaan. Aan de beschildering van de gezichten kun je zien wie welk personage speelt.

Zoek op...

De hoogste berg van de wereld. De Mount Everest is 8850 m hoog.

De dichtstbevolkte stad van de wereld. In Hongkong wonen 6000 mensen per km².

De warmste plaats van China. In Turpan is de temperatuur soms 47°C.

Hoe heet de op één na grootste berg van de wereld?

De K2 in de Himalaya. Hij is 8611 meter hoog.

Oost-China en Korea

China is een groot en oud land. Duizenden jaren werd het door keizers bestuurd. Tegenwoordig heeft het een communistische regering. Korea is verdeeld in twee landen: Noord-Korea en Zuid-Korea.

Druk Hongkong

Hongkong is een klein en heel druk gedeelte van China. Het is bekend om zijn vele banken en de handel.

Voedsel

Rijst is het belangrijkste voedsel van China en Korea. Het regenachtige weer in Oost-China is ideaal voor het verbouwen van rijst, dat in velden met water groeit.

Rijst wordt met stokjes gegeten.

Rijstboerderij

Chinese Muur

Meer dan 500 jaar geleden bouwden de Chinezen de Chinese Muur om de mensen uit Mongolië tegen te houden. Het is het grootste door mensen gemaakte bouwwerk van de wereld.

Op de fiets

In China zijn miljoenen fietsen, vooral op het platteland. In de grote steden zoals Peking zie je meer auto's dan fietsen. Fietsen worden ook gebruikt als taxi of als marktstalletje.

Hoe worden de Chinese jaren genoemd?

Vechtsporten

De Chinezen en de Koreanen hebben van vechten een kunst gemaakt. Een van de populairste vechtsporten is tai kwan do. Men gebruikt het ook als zelfverdediging. De vechters mogen trappen en slaan.

Tai kwan do vechters

Chinees nieuwjaar

Het grootste feest van China is het nieuwjaarsfeest. Het wordt in de lente gehouden. Een van de hoogtepunten is de optocht met een grote dansende draak.

Het mistige Guilin-gebergte is een van de mooist plekken van China.

Guilin

De stad Guilin in Zuid-China wordt omringd door kleine, puntige bergen. Het is hier vaak mistig.Veel Chinese schilders hebben er een mooi schilderij van gemaakt.

De Chinese draak is een symbool van kracht en geluk.

Elk jaar heeft de naam van een dier.

De Himalaya en West-China

De Himalaya is het hoogste gebergte van de wereld. Toch wonen er veel mensen. In het noorden van de bergen ligt het koude, droge hoogland van Mongolië en West-China.

Monniken met gebedswielen

Tibetaanse monniken

In Tibet worden jonge jongens vaak al boeddhistische monniken. Ze scheren hun hoofd kaal, dragen rode kleren en wonen in een klooster.

Op de bergtoppen van de Himalaya ligt altijd sneeuw.

De Himalaya is wel 2500 km lang.

Bergdorpen

In de dalen tussen de bergen van Nepal liggen veel dorpen. De boeren bouwen terrassen waarop groenten kunnen groeien.

Mongoolse paardrijders

Mongoliërs leren al paardrijden als ze drie jaar oud zijn. Veel mensen maken er hun beroep van. Ze rijden over de uitgestrekte vlakten van Mongolië met kuddes paarden en schapen.

Paardrijfestival in Mongolië

De Everest beklimmen

Voor bergbeklimmers is het beklimmen van de Mount Everest, de hoogste berg van de wereld, het mooiste wat er is. Elk jaar bereiken tientallen mensen de top. Sommige halen het net niet.

Het beklimmen van de Mount Everest is vermoeiend en gevaarlijk.

Potala-paleis

In de stad Lhasa in Tibet staat een groot fort, het Potala-paleis. Vroeger, toen Tibet nog geen deel van China was, was dit fort het hoofdkwartier van de Tibetaanse regering.

aan de slag

Maak boeddhistische gebedsvlaggen. Maak gekleurde stukjes stof vast aan een lang stuk draad. Hang de draad in je kamer op of in de tuin.

De yak

Een yak is een soort grote koe met lang haar. Hij kan goed tegen de kou. De Tibetanen hebben ze voor hun melk, boter, vlees en wol.

Kaasverkopers

Deze Tibetaanse meisjes zijn nomaden. Ze reizen van plaats naar plaats en ze verkopen gedroogde yak-kaas.

De leider van de Tibetaanse boeddhisten en van het volk van Tibet.

Japan

Japan bestaat uit vier grote eilanden en duizenden kleine eilanden. Je vindt er heel veel bergen. De grote steden liggen aan de kust omdat daar geen bergen zijn.

Sneeuw- en ijsfestival

Elk jaar wordt in de stad Sapporo een ijsfestival gehouden. De mensen maken dan beelden van ijs, zoals je hierboven kunt zien.

Ongeveer 12 miljoen.

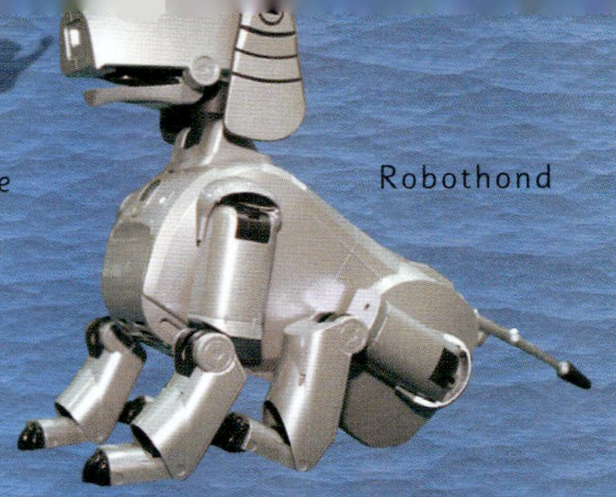

Speelgoed en gekke uitvindingen

In Japan worden heel veel elektronische dingen gemaakt, zoals computerspelletjes, televisies en robotdieren.

De skyline van Tokio

In de hoofdstad Tokio is het altijd erg druk. De wolkenkrabbers kunnen een beetje heen en weer zwaaien, zodat ze niet omvallen als er een aardbeving is.

Sakishima-eilanden

Deze kleine tropische eilanden liggen ver ten zuiden van Japan.

Ishigaki

Iriomote

Yonaguni

Japan

In Japan vind je oude en nieuwe dingen. De mensen werken heel hard, en het is een rijk land.

Kersen-bloesem

De berg Fuji

De Fuji-san

Deze met sneeuw bedekte vulkaan is het symbool van Japan. Veel Japanners hebben een foto van de berg in hun huis hangen. De laatste keer dat de vulkaan uitbarstte, was in 1707.

Makaken

De Japanse makaken (sneeuwaapjes) blijven in de winter warm door in een warmwaterbron te springen. Ook hebben ze geleerd hoe ze sneeuwballen moeten maken.

Kogeltrein

De Japanse 'kogeltrein' is een van de snelste treinen van de wereld. Hij rijdt met een snelheid van bijna 270 km per uur.

Bescherming tegen vulkanen

Er zijn veel vulkanen in Japan. Deze kinderen in de stad Kagoshima dragen een helm om zichzelf te beschermen tegen stenen en as uit de vulkaan Sakurajima.

Hoe noemen de Japanners hun land?

Traditionele kleding

Op speciale dagen dragen de vrouwen en meisjes een kimono – een mooi geborduurde zijden jurk.

Kersenbloesem

De kersenbloesem is de belangrijkste bloem van Japan. Als de kersenbomen in de lente bloeien, picknicken de Japanners onder de bomen.

Sumo

De Japanse manier van worstelen wordt sumo genoemd. De dikke worstelaars proberen elkaar de ring (de dojo) uit te gooien.

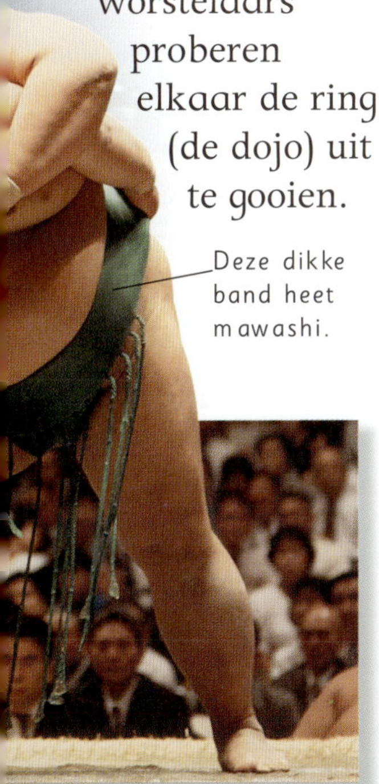

Boeddhistische tempel

De belangrijkste godsdiensten van Japan zijn het boeddhisme en het shintoïsme. Boeddhistische tempels, of pagodes, hebben houten vloeren en gebogen daken. Vaak hebben ze ook een mooie tuin.

Sushi

Japanners eten veel zeedieren. Sushi wordt gemaakt van rijst, rauwe vis en groenten.

Nippon of 'het land van de rijzende zon'.

Australië

Australië is het kleinste continent van de wereld. Maar het is een groot land. De meeste Australiërs leven aan de kust, ver weg van de grote droge woestijnen in het binnenland.

Giftige dieren

In Australië leven meer giftige dieren dan in andere landen.

Het mannetje van het **vogelbekdier** heeft gifklieren aan zijn achterpoten.

De steek van een **box jellyfish (kwal)** doet veel pijn en is soms dodelijk.

De **taipan** is de gevaarlijkste slang van de wereld. Een beet kan je binnen 30 minuten doden.

Het gif van de **zeeslang** kan een kind doden, maar hij bijt gelukkig niet zo vaak.

Een **kegelslak** heeft dodelijke stekels. Het gif van deze zeeslak veroorzaakt verstikking.

De **Funnel-web spider (spin)** kan door een vingernagel heen bijten en je hart doen stoppen.

Als de kleine **blue-ringed octopus (inktvis)** je bijt kan je verlamd raken en doodgaan.

Waar is een koraalrif van gemaakt?

Koraalrif

Het Groot Barrière Rif langs de kust van Queensland is 2000 km lang. In dit koraalrif zwemmen een heleboel mooie vissen met prachtige kleuren.

Van de skeletten van kleine zeediertjes.

Australië

Australië ligt aan de andere kant van de wereld. Maar de voorouders van de meeste Australiërs komen uit Europa. Het Engels is de belangrijkste taal in Australië.

Australische schaapsherders gebruiken een jeep om hun grote kudden bij elkaar te houden.

Schapenboerderijen

Ongeveer een kwart van alle wol in d wereld komt uit Australië. Sommige schapenboerderijen liggen zo afgeleger dat de boer een vliegtuig nodig heeft om naar de stad te gaan.

Australische aboriginals

De aboriginals wonen al meer dan 50.000 jaar in Australië. Ze geloven dat de wereld door mythische dieren is gemaakt, die het land in rivieren en bergen hebben verdeeld.

Een boemerang vliegt weer terug als je hem weggooit.

De aboriginals gebruiken de boemerang om mee te jagen.

Hoe heet de hoofdstad van Australië?

Gombomen (eucalyptusbomen) hebben vette, sterk ruikende bladeren.

Sydney

Sydney is de grootste stad van Australië. Het bekendste gebouw is het operahuis bij de haven. Bij Sydney zijn grote stranden waar kinderen na schooltijd kunnen zwemmen en surfen.

Koala

De koala is het enige dier dat de bladeren van de Australische gomboom kan eten. Koala's zijn erg lui. Ze slapen wel 20 uur per dag.

aan de slag

Maak een aboriginal-geluksteen. Zoek een mooie ronde kiezelsteen en teken er met strepen en stippen een gezicht op.

Op het strand

Als het bij ons winter is, is het in Australië zomer. Het kerstfeest kunnen de Australiërs daarom op het strand vieren.

Springende baby's

Kangoeroes zijn buideldieren – ze dragen hun baby's in een buidel op hun buik.

Kangoeroes springen met hun grote achterpoten.

Uluru

Uluru (Ayers Rock) is een hoge berg van zandsteen in het midden van Australië. De aboriginals geloven dat het een betoverde plaats is.

Canberra.

Nieuw-Zeeland en Oceanië

In de Grote Oceaan liggen honderden eilanden. De twee grootste vormen samen het land Nieuw-Zeeland.

Extreme sporten
Nieuw-Zeeland is bekend om zijn extreme sporten. Bungee jumping, sky diving en wildwater-rafting zijn heel populair.

Maori-oorlogsdans
De meeste mensen in Nieuw-Zeeland komen oorspronkelijk uit Europa. Een op de tien inwoners behoort tot het Maori-volk – de oorspronkelijke bewoners. Bij speciale gelegenheden beschilderen de Maori's hun gezicht en voeren ze een oorlogsdans op, de haka.

Je huis verhuizen
Omdat er veel aardbevingen in Nieuw-Zeeland zijn, wonen de mensen in houten huizen. Als ze verhuizen, kunnen ze hun huis op een vrachtwagen meenemen.

Waarom is de kiwi-vogel zo bijzonder?

Kokospalmen
Langs de stranden van de eilanden in de Grote oceaan groeien kokospalmen. De eilandbewoners klimmen in deze hoge bomen om de kokosnoten te plukken.

Oceanië

Op de tropische eilanden in het midden van de Grote Oceaan wonen ongeveer 5 miljoen mensen.

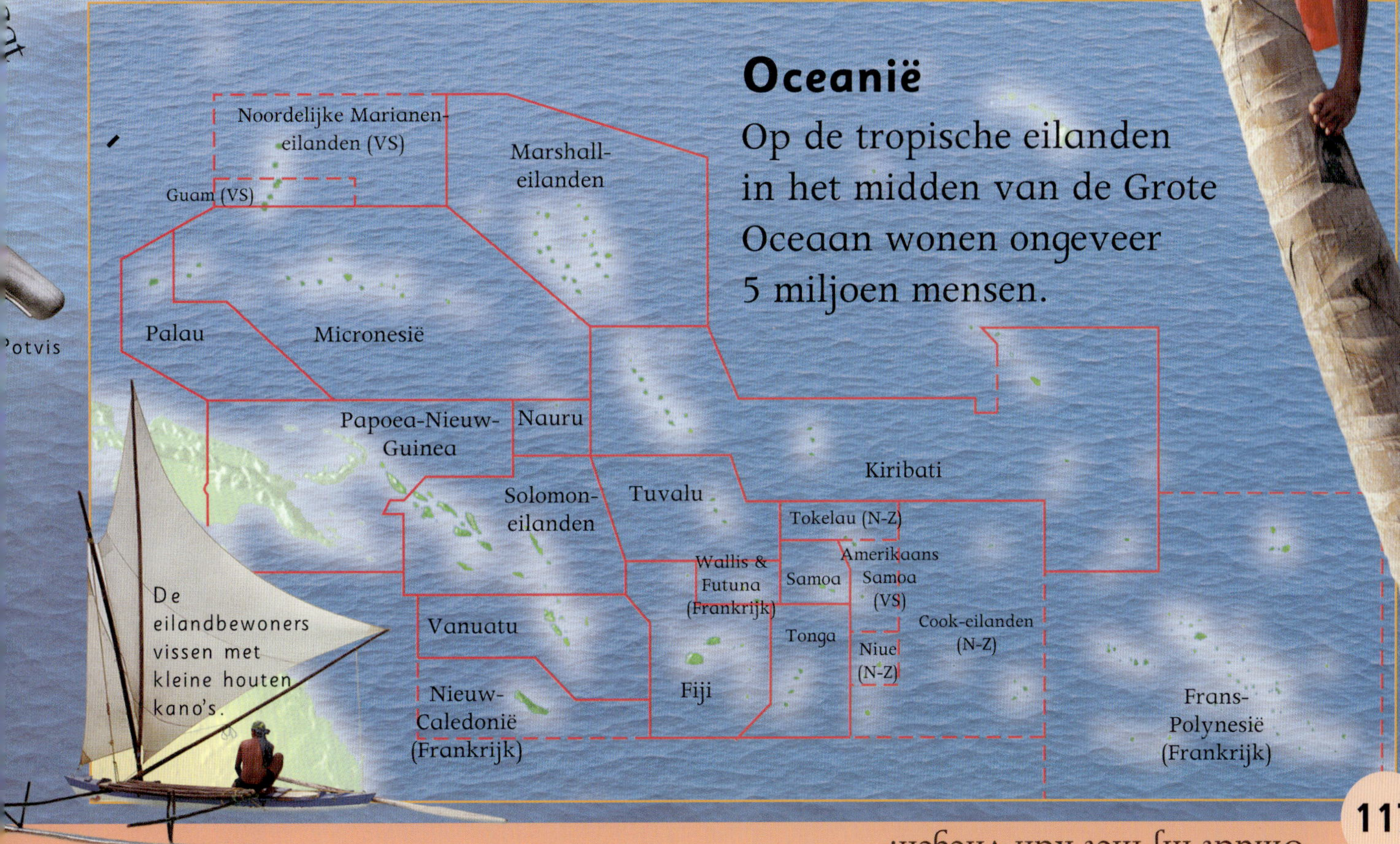

Omdat hij niet kan vliegen.

Antarctica

Antarctica is het koudste continent van de wereld. Het is helemaal bedekt met ijs. In de winter is het twee maal zo groot omdat dan ook de zee bevriest.

Adélie-pinguïns

Pinguïns

Langs de kust van Antarctica leven veel zeedieren. Pinguïns lopen waggelend op het land maar ze kunnen ontzettend goed zwemmen.

Op deze borden op Antarctica kun je zien hoe ver weg de rest van de wereld is.

Scott op Antarctica

De Engelsman Robert Scott was een van de eerste mensen die de Zuidpool bereikte, in 1912. Op weg naar huis stierf hij van de honger en de kou.

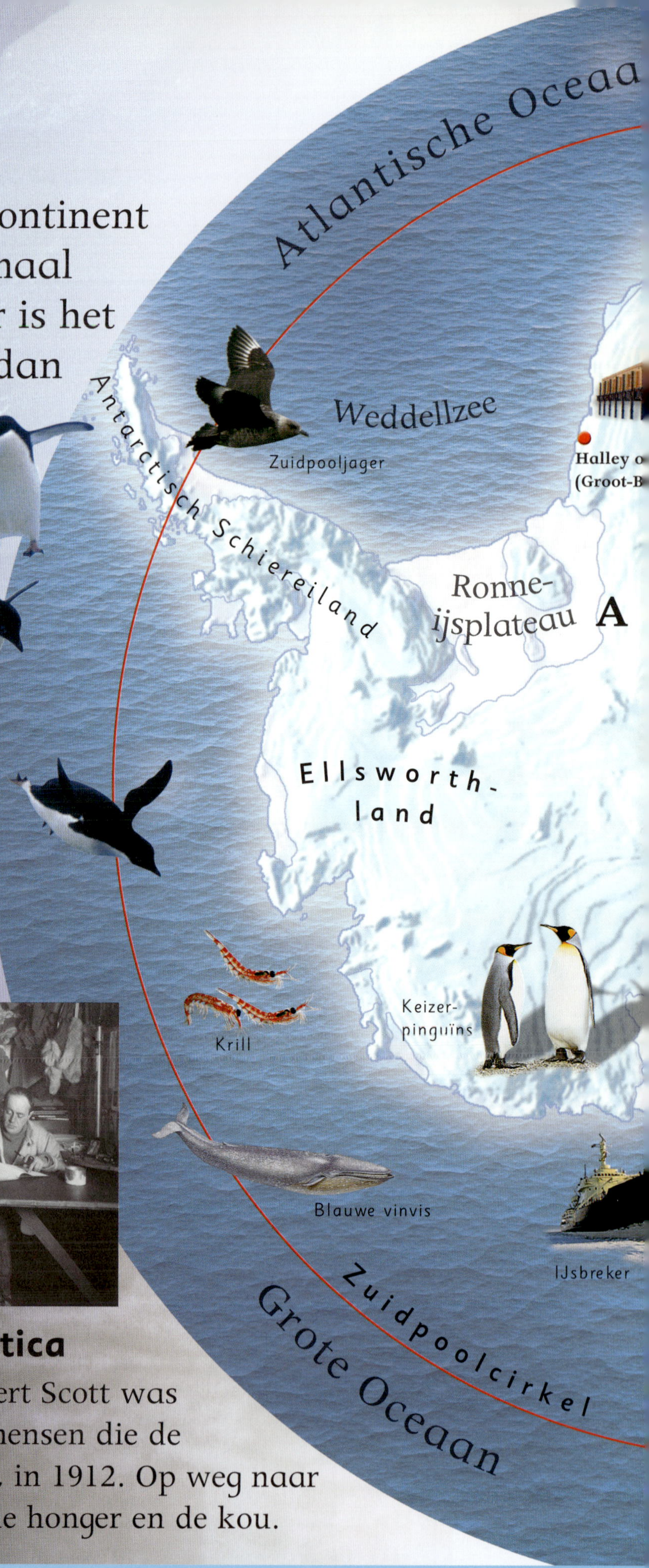

Wie was de eerste mens die de Zuidpool bereikte?

Wetenschap

De enige mensen die op Antarctica wonen, zijn wetenschappers. Met grote ballonnen bestuderen ze het weer van Antarctica.

Leven in de vrieskou

Antarctica is zo koud dat je adem op je gezicht bevriest als je uitademt. De mensen hier dragen dikke kleding om warm te blijven.

De Noorse ontdekkingsreiziger Roald Amundsen, in 1911.

Vlaggen van de wereld

Hoe heet het enige land dat geen rechthoekige vlag heeft?

Er zijn 193 landen in de wereld. Elk land heeft zijn eigen vlag.

Nepal.

Register

P

Q

R

S

Dankbetuiging

Dorling Kindersley zou graag de volgende personen willen bedanken:

Andrew O'Brien voor de aanvullende grafische vormgeving; Chris Bernstein voor het samenstellen van het register; Lisa Magloff voor de redactionele ondersteuning en het correctiewerk; Abbie Collinson en Sadie Thomas voor de assistentie bij de vormgeving; Pilar Morales voor de assistentie bij de opmaak; Simon Mumford voor de DK-cartografie; Karl Stange, Gemma Woodward en Sarah Mills voor de research in de DK-beeldbibliotheek.

Fotoverantwoording

Dorling Kindersley wil graag de volgende personen/instellingen bedanken voor hun toestemming om hun foto's te gebruiken:
(b = boven; o = onder; m = midden; l = links; r = rechts; h = helemaal bovenaan)
Action Plus: Eric Bretagnon/DPPI 78or; Glyn Kirk 116mor; **alamy.com:** Bryan en Cherry Alexander 117r; Jon Arnold Images 54hl, 77mbl; Peter Bowater 111mrb; Jon Bower 104l; Rosemary Calvert 85mrb; Brandon Cole Marine Photography 11mb; Alan Copson Pictures 50h; Stephen Coyne 78mlb; Chad Ehlers 9r; foodfolio 71mlb; Robert Francis 87m; Ken Gillham 76mol; Robert Harding World Imagery 77mor, 86hr; Esa Hiltula 44hmr; Frank Krahmer 87or; Andre Jenny 9ol; Brian Lawrence 67hr; Pete Oxford / Steve Bloom Images 8; Pictor International 105o, 115hr; Wolfgang Pölzer 11r; Rolf Richardson 76mor; Sami Sarkis 71hr; Paul Springett 2-3; J Stock 2-3; Petr Svarc 104om; A. T. Willett 9hl; **Bryan And Cherry Alexander Photography:** 14-15, 14mbr, 15hl, 15mbr, 16ol, 41mr, 85mlb, 85mb; 88or, 88; **© A.M.P.A.S ®:** het beeld van de Oscar is het geregistreerd handelsmerk en het door copyright beschermde eigendom van The Academy of Motion Picture Arts and Sciences 25mo; **Ardea London Ltd:** 21mol, 26mrb, 72mb, 79mlb; Edwin Mickleburgh 119or; **Anthony Blake Photo Library:** 84mol, 85mor; **Booth Museum:** 1mr, 30mol; **British Museum:** 94mr; **Simon Brown:** 69mb; **John Bulmer:** 46mbr; **Andrew Butler:** 110hr; **Corbis:** 54mlo, 91mr, 103mbr; AFP 45hr; O. Alamany & E. Vicens 74l; Paul Almasy 16mo, 17hr, 37hl, 63mlo, 80mr, 85ml, 99mbl; James L. Amos 13hr; Archivo Iconografico, S.A. 55hr, 57m; Michel Arnaud 68mol; Tony Arruza 20ol, 49mor; Yann Arthus-Bertrand 91mol, 110mrb; Craig Aurness 91or; Roger Ball 61mol; Dave Bartruff 63ml, 108om; Tom Bean 26mlb; Morton Beebe 62-63; Annebicque Bernard/ Sygma 56hmr; Bettmann 48oml, 70hr, 71m, 118ol, 118mol; Jonathan Blair 41oml; Georgina Bowater 59ml, 91m; Tom Brakefield 1mr, 27om, 27or, 57ol, 101r; Jan Butchofsky-Houser 77mrb; Michelle Chaplow 65mol; L. Clarke 113mo; Lloyd Cluff 42or; Dean Conger 79or, 98mrb, 99mlb; Richard Cummins 49mbr; Tim Davis 118hl, 119mb; Carlos Dominguez 44om; Robert Dowling 60m; Duomo 46hr; Ric Ergenbright 84or; Macduff Everton 101h; Eye Ubiquitous 16hm, 17mrb, 21mlo, 81mo, 91om, 94mbl; 96l, 116m; Sandy Felsenthal 1mb, 26mb; Owen Franken 99mlo; Michael Freeman 80mrb, 94mrb, 108m; Fukuhara, Inc. 109ml; Raymond Gehman 17ol; Todd A. Gipstein 68mb; Tim Graham/Sygma 50o; Annie Griffiths Belt 23hl; Darrell Gulin 26mbl; Dan Guravich 84hr; Paul Hardy 54mo, 92mr; Blaine Harrington III 34o; Jason Hawkes 49mor; Dallas en John Heaton 6mro, 47r, 61m, 72om, 73mbl, 102ol, 114ol; Chris Hellier 90o, 91hl; Robert Holmes 24mb; Jeremy Horner 94hr, 100m, 101ol; 102mro; Dave G. Houser 47ml, 92l, 100-101; Peter Johnson 41mb, 116or; Dewitt Jones 51om; Hekimian Julien 51ol; Ray Juno 61r; Wolfgang Kaehler 61mlo, 63mro, 85mo, 88ol, 101or, 116mo, 119mo; Steve Kaufman 20mro, 108mbl; Richard Klune 55mr; Frank Lane Picture Agency 98mo, 99mlb; Maurizio Lanini 61mbr; Lester Lefkowits 1m, Alain Le Garsmeur 103mbl; Danny Lehman 90hr; Charles & Josette Lenars 99mor; Liu Liqun 103ml; Chris Lisle 45m; Massimo Listri 60mrb; Yang Liu 103mo; Craig Lovell 72om, 73mo, 109mol; Christophe Loviny 98mb; Renee Lynn 85mor; William Manning 21hl; James Marshall 33hl; Dennis Marsico 117ol; Francis G. Mayer 56mro; Jim McDonald 77mol; Wally McNamee 25mb, 78o; John McPherson 51r; Milepost 92 /2 /Colin Garratt 49hr, 57hl; Sally A. Morgan/ Ecoscene 57hm; Warren Morgan 116hr; Christopher J. Morris 65ml; Francesc Muntada 72mbl; Anthony Nex 37mb; Michael Nicholson 77m; Alain Nogues/Sygma 56mro; Richard T. Nowitz 33mol; Elizabeth Opalenik 38-39; Charles O'Rear 39mlb, 82mr; Diego Lezama Orezzoli 30mrb; Van Parys 53mlb; Caroline Penn 38hr, 89hl; Caron Philippe 49or; Giraud Philippe 36hr; Amet Jean Pierre 46mrb; Michael Pole 116mr; Rick Price 119mbl; Carl & Ann Purcell 42or, 80mor; Jose Fuste Raga 60mo, 68hm, 72mbl; Steve Raymer 76mor; Reuter Raymond 53mb; Carmen Redondo 36mol, 73mbl; Roger Ressmeyer 23mrb, 49mbr, 84mo, 110ol; Hans Georg Roth 67or; Arthur Rothstein 80mol; Galen Rowell 1mr, 27mrb, 30om, 119ml, 119m, 119mol; Kevin Schafer 47mlb; Alan Schein Photography 91mro; Houston Scott 109hl; Sean Sexton Collection 71mb; Shepard Sherbell/ SABA 119hr; Ariel Skelley 24-25; Douglas Slone 22hr; Paul A. Souders 45mol, 112mol, 117ml; Hubert Stadler 35hr, 35mlo; Mark L. Stephenson 70o; David Stoecklein 61mbr; Keren Su 89mlo, 98mb, 102mlb, 103hm; Liba Taylor 73mbl; Tim Thompson 75r, 83mlo; Roger Tidman 36mor, 118mb; David Turnley 85ol, 87hl; Peter Turnley 60ml, 78hr, 91mb; Vanni Archive 81r; Brian A. Vikander 102mr, 107m; Uwe Walz 60mb; Patrick Ward 49mlb, 115mr, 116l; Karl Weatherly 61hm; Robert Weight/Ecoscene 119mlb; K.M. Westermann 36mo; Nik Wheeler 56hr, 91mbl, 91hml; Adam Woolfitt 61hml; Michael S. Yamashita 98mr, 105hl, 108mb; Jim Zuckerman 2or, 38ol, 56ol, 100l; **Tim Daly:** 49oml; **Philip Dowell:** 30mor, 32mol; **Alistair Duncan:** 36hmr, 91ml; **Gables Travels:** 36or, 37mlo, 94m, 102mo, 102mor; **Getty Images:** 20mro, 21ml, 22hl, 22mr, 30mol, 49hm, 55, 65mbr, 109ml; Peter Adams 94mro; AEF - Yves Debay 37om; AFP 76mo, 90mlb; 49mbl; Guido Alberto Rossi 28l, 68mr; Jon Arnold 49mbr; Brian Bahr 25or; Daryl Balfour 37hl; James Balog 15mr; Josef Beck 63mb; Benelux Press 82; John Callahan 10-11; David Cannon 31mlb; Anthony Cassidy 113mo; Flip Chalfant 21m; China Tourism Press 104mrb, 105hr; Geoffrey Clifford 35hl; Color Day Production 82mlb; Cosmo Condina 29mlo; Joe Cornish 56mbr; Doug Corrance 48mro; Joseph Devenney 27mb; Nicholas DeVore 40mlb; Antony Edwards 48hr,59r; Michael Freeman 1mbr, 27ml; Robert Frerck 26hl; Stephen Frink 21or, 64mbl; Paul Harris 12om; David Kjaer 17mr; Jerry Kobalenko 79r; Hideo Kurihara 117mlb; Yann Layma 104mro; Frans Lemmens 37mb, 52mbl; Will & Deni McIntyre 27mr; Alan Majchrowicz 8or; Barbara Maurer 92r; Ted Mead 114-115; NASA 43hr; Donald Nausbaum 33r; James Nelson 29hr; Mike Powell 19hm, 59ol; Martin Puddy 95r; Terje Rakke 45mlo; John R. Ramey 45oml; Edwin Remsberg 1mbr; Thomas Schmitt 112mb; Herb Schmitz 116ol; Felix St. Clair Renard 62ol; Space Frontiers 89r; James Strachan 42l; David Sutherland 84mbl, 86l; Pete Turner 20mrb; Alvis Upitis 44hr; Luis Veiga 59mr; Art Wolfe 9ml, 69m, 69mol; Jeremy Woodhouse 53r; **Glasgow Museum:** 92mo, 97hr; **Robert Harding Picture Library:** 18or, 31ml; C Bowman 52mor, 80mb; Robert Frerck 32l; N. Hangay 107hl; R Harding 3r, 19r, 94omr; Gavin Hellier 55hl, 73hr; D. Jacobs 113mlb; David Lomax 46or; A.Neville 93mb; P Robinson 80mor; Silvestris 63mlb; Paul Van Riel 110; A Woolfitt 83hm; A Wright 94mo; ; **HB Oktoberfest Beer:** 61m; **Sean Hunter:** 1mb, 20ml, 22-23o; 68mo, 69mol; © FMGB Guggenheim Bilbao Museoa, 2003. Alle rechten voorbehouden. Gehele of gedeeltelijke reproductie is verboden. 65hl; **Hutchison Library:** 96-97; David Brincombe 7m, 40; Jon Burbank 110-111; Andrew Eames 84mb, 118mro; Bernard Gerard 93r; Patricio Goycoo 107or; Bernard Regent 46mlo, 66hr; Isabella Tree 13mo; **Images Of Africa Photobank:** David Keith Jones 37mlb; **ImageState/Pictor:** 27mbl; 32mr, 58hr, 69ml, 94mor, 99mrb, 109mr, 109mol, 112mr, 115ml; Randa Bishop 109mlb; Douglas David Seifert 26ml; Ethel Davies 95mlo; **Impact Photos:** Christophe Bluntzer 107ml; **INAH:** 1mb, 26mr, 27mlo, 28-29; **Katz/FSP:** Liaison 20oml; **Barnabas Kindersley:** 17mlb, 68mor, 102mrb; **Nicolas Lewis:** 39mr; **Lonely Planet Images:** Rhonda Gutenberg 80mbr; Craig Pershouse 76mb, 76mor; Tony Wheeler 81m; **Marwell Zoological Park:** 44m; **Leon Mead:** 114mb; **Tracy Morgan:** 49mbl; **Mountain Camera/John Cleare:** 107hr; **David Murray & Jules Selmes:** 31ol, 65m, 68mrb, 99mol, 111or; **Museo Archeologico Nazionale di Napoli:** 69mbl; **NASA:** Finley Holiday Films 1mbr, 21mro; C. Mayhew & R. Simmon 4ol; **National Maritime Museum:** 103mro; **National Trust Authority:** 48mr; **Natural History Museum:** 2hr, 26mb, 36mr, 85m, 98mr, 103mor, 109ml, 113ml; **Nature Picture Library:** Ingo Arndt 1mor, 31or; Martin Dohrn 31mlo; Vincent Munier 108hl; Peter Oxford 106hr; TJ Rich 85mol; Anup Shah 37r; Lynn M. Stone 94ml; **Mrs C.P. Neeson, Plaxtol, Kent/Campanero XIV:** 65mol; **N.H.P.A.:** A.N.TN 112mlo; Bill Coster 85hl; Stephen Dalton 32mlb; Daniel Heuclin 41mlb; B Jones & M Shimlock 112mlo; Peter Pickford 32-33; Andy Rouse 96m; Kevin Schafer 34hr; Norbert Wu 10ol; **Odds Farm Park:** 48m; **Oxford Scientific Films:** David Fleetham 112mlo; Tom Leach 63mlb; Colin Monteath 106; Mike Powles 44mo; **Amit Pasricha/Avinash Pasricha:** 97hl; **Pictures Colour Library:** 46l; Charles Bowman 44mor; George Hunter 16or; Edmund Nagele 49mlo; **Pitt Rivers Museum:** 88hr; **Popperfoto:** 87mlo; China Photo/Reuters 89mbl; Petr Josek/Reuters 83or; **Powerstock:** 25hr, 54mr, 54-55, 109ml; J.Beck 98m; Alan Wycheck 65ol; **Antony Pozner, Hendon Way Motors:** 68m, 71om; **Magnus Rew:** 91mlb; **Royal British Columbia Museum, Victoria, Canada:** 77mol, 77omr; **Guy Ryecart:** 68mrb; **Science Photo Library:** Bernard Edmaier 12 achtergrond; Simon Fraser 14-15; Chris Madeley 14hm; David Vaughan 14mbr; **Seapics.com:** Doug Perrine 10-11; **Neil Setchfield:** 1mb, 20mlo; **Skoda UK:** 73mlo; **Still Pictures:** 44mro; Mark Edwards 114hr; Nicolas Granier 42hr; Sergio Hanquet 113r; Roger de la Harpe 7mr, 41r; Thomas Kelly 106or; Andre Maslennikov 47hm; Andreas Riedmiller 61mor; **Stanislav Tereba/Olympia:** 72mro, 74-75; **Weymouth Sea Life Centre:** 45om, 112ol; **World Pictures:** 1or, 35or, 44mb, 58l, 63hl, 66mr, 66l, 69or, 74mrb, 74mro, 75ml, 83mlb, 93hl, 93mlo, 98ol, 110-111; **Jerry Young:** 12mro, 13m, 15hr, 26mrb, 36mrb, 37ml, 45hl, 47mlb, 69hml, 80mbl, 85mbl, 112mbr.